JHO 100시간 영어 시리즈 ③ 리스닝 1

JHO 100시간 영어 시리즈 ③ 리스닝 1

듣기와 더불어 스피킹까지

영어 귀뚫기 100시간

100시간이면 당신의 영어 운명이 바뀐다

JHO 100시간 영어 시리즈 ③
리스닝 1

초판 1쇄 발행 2020년 1월 13일
초판 2쇄 발행 2022년 3월 7일

✚ 지은이 **JHO**
✚ 펴낸이 **이동하** ✚ 디자인 **조종완**

✚ 펴낸곳 **새잎** ✚ 등록 2010년 1월 26일 제25100-2010-0001호
✚ 서울시 마포구 월드컵북로 400, 201호 중 K-19(상암동, 서울산업진흥원)
✚ 전화 0505-987-4221 ✚ 팩스 0505-987-4222

ISBN: 979-11-85600-27-7(13740)

책값은 뒤표지에 있습니다.
잘못된 도서는 구입하신 서점에서 교환해 드립니다.

목차

서문	006
책의 특징	008
책의 구성 및 학습방법	010
Chapter 01	013
Chapter 02	033
Chapter 03	051
Chapter 04	067
Chapter 05	099
Chapter 06	117
Chapter 07	131
Chapter 08	145
Chapter 09	161
Chapter 10	173
Chapter 11	181
부록 : 듣기 점검표	197

왜 영어는 잘 들리지 않을까요?

한국인들은 일본어를 몰라도 일본어 소리는 들을 수 있는데 영어 소리만 잘 듣지 못합니다. 마찬가지로 일본 사람도 한국어를 잘 모르더라도 한국어 소리는 들을 수 있는데 영어 소리는 잘 듣지 못합니다. 한편, 유럽 사람들은 영어 소리는 들을 수 있는데 한국어 소리나 일본어 소리를 잘 듣지 못합니다.

여기서 알 수 있듯이 한국인들이 영어 소리를 잘 듣지 못하는 것은 단순히 듣는 문제가 아닙니다. 영어와 한국어가 발음과 어순 등 서로 다른 점이 많기 때문입니다. 또 잘 들리지 않는 그 영어 소리를 듣는 방법에도 문제가 있기 때문이기도 합니다.

1시간 음원으로 영어 소리를 들을 수 있다!

영어 발음을 제대로 배운 다음에 듣기 전용으로 잘 만들어진 교재와 음원을 가지고 소리를 들을 때는 소리에만 집중해서 듣고, 정확한 영어 발음으로 소리 내어 읽기를 같이 해주면 왕초보도 1시간짜리 음원만으로 100시간 정도에 영어 소리를 또렷하고 선명하게 들을 수 있습니다.

영어를 잘 들을 수 있는 비법은 없나요?

열심히 듣는다고 청각 장애인이 들을 수 있게 되는 것은 아닙니다. 마찬가지로 영어 소리 자체가 잘 안 들리는 경우에는 열심히 듣기만 한다고 영어 소리가 들리는 것은 아닙니다. 먼저 정확한 영어 발음을 배운 후, 영어 소리를 들을 때는 소리 자체에만 집중해서 듣고 정확한 영어 발음으로 소리 내어 읽기를 같이 해주어야만 영어 소리를 또렷하게 들을 수 있습니다.

10시간이면 알 수 있다!

이 교재와 음원을 가지고 책에 나온 훈련 방법대로 영어 소리를 들을 때는 소리에만 집중해서 듣고 정확한 영어 발음으로 소리 내어 읽기 훈련을 10시간만 해보면 곧 영어 소리를 다 들을 수 있다는 것을 스스로 확신하게 될 것입니다.

10시간만 열심히 해봅시다!!!

JHO

책의 특징

1 초보자도 **1시간 음원만으로 영어 귀뚫기 완성!**

단기에 영어 귀뚫기를 완성할 수 있는 듣기 전문 교재나 듣기 전문 음원이 사실상 없는 상태인 현재의 한국 상황에서 약 1시간 분량의 음원만으로도 영어 귀뚫기가 가능하도록 음성학적으로 세심한 배려를 한 영어 문장들과 다양한 속도의 원어민 음성들로 구성되어 있음.
(듣기 1권 : 30분, 듣기 2권 : 30분)

쉬운 발음부터 점점 어려운 발음으로, 느린 속도의 음원에서 점점 빠른 속도의 발음으로 녹음되어 있어서 초보자도 영어 소리를 정복할 수 있도록 구성됨.

2 초보자도 **듣기와 말하기를 동시에!**

중학교 수준의 단어와 자주 쓰는 표현들로 구성되어 있어서 듣기 연습을 통해 자연스럽게 스피킹 능력도 향상될 수 있도록 구성됨.

3 **발음, 스피킹, 리스닝** 동시 정복!

이미 출판된 《JHO 100시간 영어 시리즈 ② 발음》과 충분한 연관성을 갖도록 제작되어 발음과 스피킹 그리고 리스닝을 동시에 정복해 나갈 수 있도록 구성됨. (정확한 영어 발음을 배우지 않은 분들은 《JHO 100시간 영어 시리즈 ② 발음》을 먼저 학습하시기 바랍니다.)

책의 구성 및 학습방법

이 책은 똑같은 내용의 영어 문장이 1) 알파벳으로 된 문장, 2) 발음기호로 된 문장, 3) 알파벳과 발음기호로 된 문장으로 구성되어 있으며 4) 듣기 점검표와 5) 듣기 음원이 제공됩니다. 듣기 점검표는 이 책의 맨 뒤에 첨부되어 있습니다.

문장별 학습방법은 책에 자세히 나와 있으니 그 방법대로 따라 하시면 됩니다.

듣기 점검표는 학습하는 동안 굉장히 많이 필요합니다. 이 책의 맨 뒤에 10장 이상 첨부되어 있으며, 추가로 필요하신 분은 복사하여 학습하시기 바랍니다.

듣기 점검표는 모든 소리가 다 들릴 때까지 들을 때마다 체크하시면 되는데 주의할 점은 음원을 한 번 들을 때마다 1) 소리는 얼마나 들리는지, 2) 내용은 얼마나 이해되는지, 3) 들려오는 속도는 어떻게 느껴지는지 3곳에 체크를 하여야 합니다.

듣기 점검표 점검요령은 이후 예를 들어 자세히 설명합니다.

※ 참고로... 이 교재와 음원은 단기에 영어 귀뚫기 100%를 달성하고 스피킹 실력도 향상될 수 있도록 듣기 전용으로 아주 세심하고 까다로운 과정을 거쳐서 기획, 제작된 것입니다. 그리고 이 책에서 제시하는 학습 프로그램은 그렇게 제작된 이 교재에 맞추어 만들어진 프로그램입니다.

따라서 이 학습 프로그램을 다른 교재나 다른 음원에 사용한다면 학습효과를 장담할 수 없으며 경우에 따라서는 역효과가 날 수도 있다는 점을 분명히 말씀드립니다.

같은 달리기 운동이지만 100미터 달리기 훈련 프로그램과 마라톤 훈련 프로그램은 완전히 다르며 100미터 달리기 훈련을 많이 하면 근육이 굉장히 굵고 강해지지만 그런 근육을 가진 사람은 마라톤을 잘하기는커녕 마라톤을 완주하는 것마저도 쉽지 않은 것과 같은 이치입니다.

책의 구성 및 학습방법

① 알파벳으로 된 문장

1)
I had studied English for ten years since middle school. But I had never understood English well. I had never spoken English fluently. I had never read English well. I had never written English well. But I had received good grades on English tests.

2)
After university I didn't study English at all. I decided to study English three years ago. I started to study English again. I studied English really hard every day. But I could not speak English fluently.

3)
I started to study English three years ago. I have been studying English for three years. But I have never understood English well. I have been studying English for three years. But I have never spoken English fluently. I have never read English well. And I have never written English well, either.

② 발음기호로 된 문장

2)
'æftər juːniˈvəːrsəti ai didnt 'stʌdi 'iŋgliʃ æt ɔːl.
ai diˈsaidid tuː 'stʌdi 'iŋgliʃ θri: 'jiərz əˈgou.
ai 'staːrtid tuː 'stʌdi 'iŋgliʃ əˈgen.
ai 'stʌdid 'iŋgliʃ 'riːəli haːrd 'evri dei.
bʌt ai kud naːt spiːk 'iŋgliʃ 'fluːəntli.

③ 알파벳과 발음기호

After university   I didn't study English at all.
'æftər juːniˈvəːrsəti ai didnt 'stʌdi 'iŋgliʃ æt ɔːl.

I decided to study English three years ago.
ai diˈsaidid tuː 'stʌdi 'iŋgliʃ θri: 'jiərz əˈgou.

I started to study English again.
ai 'staːrtid tuː 'stʌdi 'iŋgliʃ əˈgen.

I studied English really hard every day.
ai 'stʌdid 'iŋgliʃ 'riːəli haːrd 'evri dei.

But I could not speak English fluently.
bʌt ai kud naːt spiːk 'iŋgliʃ 'fluːəntli.

④ 듣기 점검표

기록 예시 01

예를 들면 학습 프로그램에 따라서 음원을 한 번 들었는데 만약 1) 소리는 대체로 들리는 정도이고, 2) 그 소리가 절반도 이해가 안 되고, 3) 속도는 빠르게 들린다면 아래의 보기처럼 3곳에 모두 체크하여야 합니다.

	듣기 점검표				일자 (점검일) : 월 일			해당칸에는 0 또는 V		
소리	1	2	3	4	5	6	7	8	9	10
	지겹다	다들림	거의 다 들림	상당히 많이 들림	대체로 들림	절반이상 들림	절반도 안 들림	많이 안 들림	거의 안들림	아예 안들림
1					0					
2										
3										
내용	지겹다	다 이해됨	거의 이해됨	상당히 많이 이해됨	대체로 이해됨	절반이상 이해됨	절반도 이해 안됨	많이 이해 안됨	거의 이해 안됨	아예 이해 안됨
1							0			
2										
3										
속도	지겹다	많이 느림	느림	보통	빠름	많이 빠름	아주 빠름	포기할 만큼 빠름		
1					0					
2										
3										

기록 예시 02

예를 들면 학습 프로그램에 따라서 음원을 한 번 들었는데 만약 1) 소리는 대체로 들리는 정도이고, 2) 그 소리가 절반도 이해가 안 되고, 3) 속도는 빠르게 들린다면 아래의 보기처럼 3곳에 모두 체크하여야 합니다.

그리고 책에서 지시 한 대로 또 듣고 또 들어서 세 번을 들었는데
두 번째는 '상당히 많이 들리고 이해도 대체로 되고 속도는 빠르게 들림'
세 번째는 '상당히 많이 들리고 이해도 상당히 많이 되고 속도는 빠르지 않고 보통 정도로 들림' 이라면 아래의 예시처럼 체크하면 됩니다.

	듣기 점검표				일자 (점검일) : 월 일			해당칸에는 0 또는 V		
소리	1	2	3	4	5	6	7	8	9	10
	지겹다	다들림	거의 다 들림	상당히 많이 들림	대체로 들림	절반이상 들림	절반도 안 들림	많이 안 들림	거의 안들림	아예 안들림
1					0					
2				0						
3				0						
내용	지겹다	다 이해됨	거의 이해됨	상당히 많이 이해됨	대체로 이해됨	절반이상 이해됨	절반도 이해 안됨	많이 이해 안됨	거의 이해 안됨	아예 이해 안됨
1							0			
2					0					
3				0						
속도	지겹다	많이 느림	느림	보통	빠름	많이 빠름	아주 빠름	포기할 만큼 빠름		
1					0					
2					0					
3				0						

⑤ 듣기 음원

듣기 음원은 1) 챕터별로 녹음된 음원, 2) 단락별로 구분되어 녹음된 음원, 3) 보너스 음원으로 구성되어 있습니다. 1)과 2)는 이 책의 지시에 따라 거기에 맞는 음원을 선택하여 들으시면 됩니다.
3) 보너스 음원은 같은 내용을 다른 성우의 음성으로 챕터별로 녹음한 것이니 이 책의 진도를 다 끝내고 난 다음에 1)과 번갈아 가면서 들으시면 됩니다.

음원 파일 **다운 방법**

jho100.kr 방문 혹은 아래 QR코드 인식

본문을 읽기 전에 챕터 1 오디오 전체를 먼저 한 번만 들은 후에 듣기 점검표에 체크를 합니다. (반드시 딱 한 번만 들어야 합니다.) 체크를 한 후 내용을 이해하면서 챕터 1을 끝까지 읽습니다. 소리는 내지 않고 눈으로만 읽습니다.

한국어로 해석하든 영어 그대로 이해하든 상관없이 내용을 음미하며 읽으면 됩니다. (정확한 발음을 배우지 않은 분들은 반드시 정확한 영어 발음을 먼저 익힌 후에 학습을 시작하기 바랍니다.《JHO 100시간 영어 시리즈 ② 발음》참조)

1)
My name is Minho. I'm from Korea. I live in the country with my family. I live in a house by the river. My school is far from my house so, I go to school by bus.

2)
I am good at sports. I play baseball very well. I play basketball well. And I play soccer well, too. I am not good at music but I like listening to music.

3)
I am Nancy. I'm from America. I live in a big city. I live in an apartment which is by the park. My school is not far from my house so, I walk to school.

4)
I'm good at music. I sing very well. I play the piano very well and I play the violin well. And I can play the guitar, too. And I like to dance to music. But I'm not good at sports.

단어, 숙어

America [ə'merikə] 미국
apartment [ə'pa:rtmənt] 아파트
baseball ['beɪsbɔ:l] 야구
basketball ['bæskitbɔ:l] 농구
city ['siti] 도시
country ['kʌntri] 시골 / 국가, 나라
family ['fæməli] 가족
far [fa:r] 멀리
guitar [gi'ta:r] 기타
music ['mju:zik] 음악
name [neim] 이름
piano [pi'ænou] 피아노
play [plei] (게임, 놀이 등을) 하다, 놀다 / 연주하다
so [sou] 그래서
soccer ['sa:kər] 축구
sports [spɔ:rts] 스포츠
violin [vaiə'lin] 바이올린

be from ~출신이다
be good at ~을 잘하다
by bus 버스로
by the park 공원 옆에
by the river 강가에서
far from ~에서 거리가 먼
go to school 학교에 가다, 학교에 다니다
like ~ing ~하는 것을 좋아하다
like to ~하는 것을 좋아하다
listen to ~을 듣다
play baseball 야구를 하다
play basketball 농구를 하다
play the guitar 기타를 치다
play the piano 피아노를 연주하다
play the violin 바이올린을 연주하다
to music 음악에 맞추어
very well 아주 잘
walk to ~로 걸어가다

해석

1) I'm from Korea. 나는 한국 출신이다. (→ 나는 한국 사람이다.)
I live in a house by the river. 나는 강 옆에 있는 집에서 산다.

2) I am not good at music but I like listening to music.
나는 음악을 잘하지 못하지만 음악을 듣는 것은 좋아한다.

3) I live in an apartment which is by the park. 나는 공원 옆에 있는 아파트에서 산다.
My school is not far from my house so, I walk to school.
학교는 집에서 멀지 않다. 그래서 걸어서 간다.

4) And I like to dance to music. 나는 음악에 맞추어 춤추는 것을 좋아한다.

5)

I'm Dick. I'm from Australia. I live in a small town with my parents. I live in a big wooden house that is in a small town. My school is far from my house. My father drives me to school every morning.

6)

I do not play basketball well. I do not play the piano well either. I'm not a good speaker. I don't talk too much. But I'm a good listener. I always listen to my friends carefully. I don't talk too much. So, my friends all like me. I have many friends.

7)

What about you? Are you good at sports? Do you play baseball well? Are you good at music? Do you play the guitar well? Where do you live? Do you live in the country? Do you live in a small town? Tell me about yourself. I would like to know about you.

※ 충분히 이해되지 않는 분은 내용이 충분히 이해될 때까지 1~3회 정도 소리는 내지 않고 눈으로만 다시 읽으며 모르는 단어나 숙어를 익힌 후에 다음 페이지로 가서 단락별 학습을 합니다. 다음 챕터도 같은 방법으로 학습합니다.

단어, 숙어

always ['ɔ:lweiz] 항상
Australia [ɔ:'streiljə] 호주, 오스트레일리아
baseball ['beɪsbɔ:l] 야구
carefully ['keərfəli] 주의 깊게
country ['kʌntri] 시골 / 국가, 나라
drive [draiv] 태워다 주다 / 운전하다
either ['i:ðər] 또한, 역시 / 둘 중 하나
far [fa:r] 멀리
guitar [gi'ta:r] 기타
have [hæv] 가지다
know [nou] 알다
listen ['lisn] 듣다
listener ['lisnər] 듣는 사람, 청취자
much [mʌtʃ] 많은
parents ['peərənts] 부모
small [smɔ:l] 작은
speaker ['spi:kər] 말하는 사람 / 연설자
talk [tɔ:k] 말하다, 이야기하다
town [taun] 작은 도시(city 보다 작은 소도시), 읍
well [wel] 잘, 훌륭히
wooden ['wudn] 나무로 된
yourself [juər'self] 너 자신, 당신 자신

a good listener 남의 말을 잘 들어 주는 사람
a good speaker 말을 잘하는 사람
be good at ~을 잘하다
drive ~ to … ~를 …까지 차로 데려다주다
every morning 매일 아침
know about ~에 대해 알고 있다
play baseball 야구를 하다
play the guitar 기타를 치다
tell ~ about … ~에게 …에 대해 이야기하다
too much 너무 많이
what about ~? ~는 어떠니? ~는 어때
would like to ~하고 싶다

해석

5) I live in a big wooden house that is in a small town. 나는 작은 도시에 있는 커다란 나무집에 산다.
My father drives me to school every morning. 아버지는 매일 아침 나를 학교에 태워다 주신다.

6) I do not play basketball well. 나는 농구를 잘하지 못한다.
I'm not a good speaker. 나는 말을 잘하지는 못한다. (→ 나는 말을 잘하는 사람이 아니다.)
I don't talk too much. 나는 말을 많이 하지 않는다.
But I'm a good listener. 나는 남의 말을 잘 들어주는 사람이다. (→ 나는 남의 말을 잘 들어 준다.)

7) What about you? 너는 어떠니? I would like to know about you. 너에 대해서 알고 싶어.

Chapter 01 발음기호 문장과 알파벳 문장

1)
눈으로만 읽기가 끝났으면 악센트를 정확히 주고 배운 대로 정확히 발음하는 데만 집중하여 <u>천천히</u> 소리 내어 읽습니다.

소리 내어 읽는 횟수는 2~3회 중 자신이 선택합니다. (3회까지만 읽습니다.) 이 한 단락만을 처음부터 끝까지 정확히 한 번 읽고 나서 다시 이 한 단락을 또 읽는 방식으로 읽습니다. (3회까지만 읽습니다.)

여기에 있는 발음기호만 보고 정확히 소리 내어 읽어야 합니다. (다음 단락도 같은 방법으로 학습합니다.)

mai neim iz Minhou. aim frʌm Kɔːˈriə.
ai liv in ðə ˈkʌntri wið mai ˈfæməli.
ai liv in ə haus bai ðə ˈrivər.
mai skuːl iz faːr frʌm mai haus
sou ai gou tuː skuːl bai bʌs.

※ <u>천천히</u> 정확히 2~3회 소리 내어 읽기를 마쳤으면 다음으로 진도를 나갑니다.

발음기호만 보고 천천히 정확히 소리 내어 읽기가 끝났으면 알파벳과 발음기호로 된 문장을 보며 내용을 음미하면서 2~3회 중 자신이 선택하여 정확한 발음과 악센트로 <u>자신에게 편한 속도로</u> 소리 내어 읽습니다. (3회까지만 읽습니다.) 한국어로 해석하든 영어 그대로 이해하든 상관없이 내용을 음미하면서 읽으면 됩니다.

문장을 보며 내용을 음미하며 소리 내어 읽되 발음기호를 참조하여 정확한 발음과 악센트로 읽어야 합니다. (3회까지만 읽습니다.)
다음 단락도 같은 방법으로 학습합니다.

My name is Minho. I'm from Korea.
mai neim iz Minhou. aim frʌm Kɔːˈriə.

I live in the country with my family.
ai liv in ðə ˈkʌntri wið mai ˈfæməli.

I live in a house by the river.
ai liv in ə haus bai ðə ˈrivər.

My school is far from my house so, I go   to school by bus.
mai skuːl iz faːr frʌm mai haus sou ai gou tuː skuːl bai bʌs.

※ 자신이 선택한 횟수만큼 정확하게 그러나 편한 속도로 소리 내어 읽기가 끝났으면 방금 소리 내어 읽은 그 한 단락만 한 번만 집중하여 듣습니다. 그리고 듣기 점검표에 체크를 합니다. (반드시 딱 한 번만 집중해서 들어야 합니다.)

설사 소리가 다 들리지 않아도 반드시 딱 한 번만 집중해서 들은 다음에 다음 단락으로 진도를 나가서 똑같은 방식으로 학습합니다.

만약 한 단락의 음원 소리가 다 들리고 내용이 다 이해되고 속도가 보통으로 느껴진다면 그 단락의 오디오는 듣고 싶을 때 반복해서 들어도 됩니다. 틈나는 대로 많이 들을수록 좋고 집중해서 들으면 더 좋습니다.

(그러나 소리가 다 들리고 내용이 다 이해되고 속도가 보통으로 느껴지지 않으면 여기서 딱 한 번만 듣고 이 교재에서 다시 들으라고 할 때까지 다시 들으면 절대로 안 됩니다. 방법을 바꾸어서 학습한다면 그 학습 결과는 참담할 것입니다. 왜 꼭 그래야 하는지 이론적으로 궁금하신 분은 《JHO 100시간 영어 시리즈 ① 학습법》을 참고하시기 바랍니다.)

2)
악센트를 정확히 주고 배운 대로 정확히 발음하는 데만 집중하여 천천히 소리 내어 읽습니다. 소리 내어 읽는 횟수는 2~3회 중 자신이 선택합니다. (3회까지만 읽습니다.)

여기 한 단락만을 처음부터 끝까지 정확히 한 번 읽고 나서 다시 그 한 단락만을 또 읽는 방식으로 읽습니다. (3회까지만 읽습니다.)

여기에 있는 발음기호만 보고 정확히 소리 내어 읽어야 합니다. (다음 단락도 같은 방법으로 학습합니다.)

ai æm gud æt spɔ:rts.
ai plei ˈbeisbɔ:l ˈveri wel.
ai plei ˈbæskitbɔ:l wel.
ænd ai plei ˈsa:kər wel tu:.
ai æm na:t gud æt ˈmju:zik
bʌt ai laik ˈlisniŋ tu: ˈmju:zik.

※ 천천히 정확히 2~3회 소리 내어 읽기를 끝내고 다음으로 진도를 나갑니다.

발음기호만 보고 천천히 정확히 소리 내어 읽기가 끝났으면 알파벳과 발음기호로 된 문장을 보며 내용을 음미하면서 2~3회 중 자신이 선택하여 정확한 발음과 악센트로 자신에게 편한 속도로 소리 내어 읽습니다. (3회까지만 읽습니다.) 한국어로 해석하든 영어 그대로 이해하든 상관없이 내용을 음미하며 읽으면 됩니다.

문장을 보며 내용을 음미하면서 소리 내어 읽되 발음기호를 참조하여 정확한 발음과 악센트로 읽어야 합니다. (3회까지만 읽습니다.)
다음 단락도 같은 방법으로 학습합니다.

I am good at sports.
ai æm gud æt spɔ:rts.

I play baseball very well.
ai plei ˈbeisbɔ:l ˈveri wel.

I play basketball well.
ai plei ˈbæskitbɔ:l wel.

And I play soccer well, too.
ænd ai plei ˈsa:kər wel tu:.

I am not good at music but I like listening to music.
ai æm na:t gud æt ˈmju:zik bʌt ai laik ˈlisniŋ tu: ˈmju:zik.

※ 자신이 선택한 횟수만큼 정확하게 그러나 편한 속도로 소리 내어 읽기가 끝났으면 방금 소리 내어 읽은 그 한 단락만 한 번만 집중하여 듣습니다. 그리고 듣기 점검표에 체크를 합니다. (반드시 딱 한 번만 집중해서 들어야 합니다.)

설사 소리가 다 들리지 않아도 반드시 딱 한 번만 집중해서 들은 다음에 다음 단락으로 진도를 나가서 똑같은 방식으로 학습합니다.

만약 한 단락의 음원 소리가 다 들리고 내용이 다 이해되고 속도가 보통으로 느껴진다면 그 단락의 오디오는 듣고 싶을 때 반복해서 들어도 됩니다. 틈나는 대로 많이 들을수록 좋고 집중해서 들으면 더 좋습니다.

(그러나 소리가 다 들리고 내용이 다 이해되고 속도가 보통으로 느껴지지 않으면 여기서 딱 한 번만 듣고 이 교재에서 다시 들으라고 할 때까지 다시 들으면 절대로 안 됩니다. 방법을 바꾸어서 학습한다면 그 학습 결과는 참담할 것입니다. 왜 꼭 그래야 하는지 이론적으로 궁금하신 분은 《JHO 100시간 영어 시리즈 ① 학습법》을 참고하시기 바랍니다.)

3)
악센트를 정확히 주고 배운 대로 정확히 발음하는 데만 집중하여 천천히 소리 내어 읽습니다. 소리 내어 읽는 횟수는 2~3회 중 자신이 선택합니다. (3회까지만 읽습니다.)

여기 한 단락만을 처음부터 끝까지 정확히 한 번 읽고 나서 다시 이 한 단락을 또 읽는 방식으로 읽습니다. (3회까지만 읽습니다.)

여기에 있는 발음기호만 보고 정확히 소리 내어 읽어야 합니다. (다음 단락도 같은 방법으로 학습합니다.)

ai æm 'Nænsi. aim frʌm ə'merikə.
ai liv in ə big 'siti.
ai liv in ən ə'pa:rtmənt witʃ iz bai ðə pa:rk.
mai sku:l iz na:t fa:r frʌm mai haus
sou, ai wɔ:k tu: sku:l.

※ <u>천천히</u> 정확히 2~3회 소리 내어 읽기를 끝내고 다음으로 진도를 나갑니다.

발음기호만 보고 천천히 정확히 소리 내어 읽기가 끝났으면 알파벳과 발음기호로 된 문장을 보며 내용을 음미하면서 2~3회 중 자신이 선택하여 정확한 발음과 악센트로 <u>자신에게 편한 속도로</u> 소리 내어 읽습니다. (3회까지만 읽습니다.) 한국어로 해석하든 영어 그대로 이해하든 상관없이 내용을 음미하며 읽으면 됩니다.

문장을 보며 내용을 음미하면서 소리 내어 읽되 발음기호를 참조하여 정확한 발음과 악센트로 읽어야 합니다. (3회까지만 읽습니다.)
다음 단락도 같은 방법으로 학습합니다.

I am Nancy. I'm from America.
ai æm ˈNænsi. aim frʌm əˈmerikə.

I live in a big city.
ai liv in ə big ˈsiti.

I live in an apartment which is by the park.
ai liv in ən əˈpa:rtmənt witʃ iz bai ðə pa:rk.

My school is not far from my house so, I walk to school.
mai sku:l iz na:t fa:r frʌm mai haus sou ai wɔ:k tu: sku:l.

※ 자신이 선택한 횟수만큼 정확하게 그러나 편한 속도로 소리 내어 읽기가 끝났으면 방금 소리 내어 읽은 이 한 단락만 한 번만 집중하여 듣습니다. 그리고 듣기 점검표에 체크를 합니다. (반드시 딱 한 번만 집중해서 들어야 합니다.)

설사 소리가 다 들리지 않아도 반드시 딱 한 번만 집중해서 들은 다음에 다음 단락으로 진도를 나가서 똑같은 방식으로 학습합니다.

만약 한 단락의 음원 소리가 다 들리고 내용이 다 이해되고 속도가 보통으로 느껴진다면 그 단락의 오디오는 듣고 싶을 때 반복해서 들어도 됩니다. 틈나는 대로 많이 들을수록 좋고 집중해서 들으면 더 좋습니다.

(그러나 소리가 다 들리고 내용이 다 이해되고 속도가 보통으로 느껴지지 않으면 여기서 딱 한 번만 듣고 이 교재에서 다시 들으라고 할 때까지 다시 들으면 절대로 안 됩니다.)

4)
악센트를 정확히 주고 배운 대로 정확히 발음하는 데만 집중하여 천천히 소리 내어 읽습니다. 소리 내어 읽는 횟수는 2~3회 중 자신이 선택합니다. (3회까지만 읽습니다. 다음 단락도 같은 방법으로 학습합니다.)

aim gud æt ˈmjuːzik. ai siŋ ˈveri wel.
ai plei ðə piˈænou ˈveri wel
ænd ai plei ðə vaiəˈlin wel.
ænd ai kæn plei ðə giˈtaːr tuː.
ænd ai laik tuː dæns tuː ˈmjuːzik.
bʌt aim naːt gud æt spɔːrts.

※ 천천히 정확히 2~3회 소리 내어 읽기를 끝내고 다음으로 진도를 나갑니다.

내용을 음미하며 횟수는 2~3회 중 자신이 선택하여 정확한 발음과 악센트로 자신에게 편한 속도로 소리 내어 읽습니다. 한국어로 해석하든 영어 그대로 이해하든 상관없이 내용을 음미하며 읽으면 됩니다. (3회까지만 읽습니다. 다음 단락도 같은 방법으로 학습합니다.)

I'm good at music.
aim gud æt ˈmjuːzik.

I sing very well.
ai siŋ ˈveri wel.

I play the piano very well and I play the violin well.
ai plei ðə piˈænou ˈveri wel ænd ai plei ðə vaiəˈlin wel.

And I can play the guitar, too.
ænd ai kæn plei ðə giˈtaːr tuː.

And I like to dance to music.
ænd ai laik tuː dæns tuː ˈmjuːzik.

But I'm not good at sports.
bʌt aim naːt gud æt spɔːrts.

※ 자신이 선택한 횟수만큼 정확하게 그러나 편한 속도로 소리 내어 읽기가 끝났으면 방금 소리 내어 읽은 이 한 단락만 한 번만 집중하여 듣습니다. 그리고 듣기 점검표에 체크를 합니다.

설사 소리가 다 들리지 않아도 반드시 딱 한 번만 집중해서 들은 다음에 다음 단락으로 진도를 나가서 똑같은 방식으로 학습합니다.

만약 한 단락의 음원 소리가 다 들리고 내용이 다 이해되고 속도가 보통으로 느껴진다면 그 단락의 오디오는 듣고 싶을 때 반복해서 들어도 됩니다. 틈나는 대로 많이 들을수록 좋고 집중해서 들으면 더 좋습니다.

그러나 소리가 다 들리고 내용이 다 이해되고 속도가 보통으로 느껴지지 않으면 여기서 딱 한 번만 듣고 이 교재에서 다시 들으라고 할 때까지 다시 들으면 절대로 안 됩니다.

5)
천천히 정확히 소리 내어 읽습니다. 소리 내어 읽는 횟수는 2~3회 중 자신이 선택합니다. (다음 단락도 같은 방법으로 학습합니다.)

aim dik. aim frʌm ɔːˈstreiljə.
ai liv in ə smɔːl taun wið mai ˈpeərənts.
ai liv in ə big ˈwudn haus ðæt iz
in ə smɔːl taun.
mai skuːl iz fɑːr frʌm mai haus.
mai ˈfɑːðər draivz miː tuː skuːl ˈevri ˈmɔːrniŋ.

※ 천천히 정확히 2~3회 소리 내어 읽기를 끝내고 다음으로 진도를 나갑니다.

내용을 음미하며 횟수는 2~3회 중 자신이 선택하여 정확한 발음과 악센트로 자신에게 편한 속도로 소리 내어 읽습니다. (3회까지만 읽습니다. 다음 단락도 같은 방법으로 학습합니다.)

I'm Dick. I'm from Australia.
aim dik. aim frʌm ɔːˈstreiljə.

I live in a small town with my parents.
ai liv in ə smɔːl taun wið mai ˈpeərənts.

I live in a big wooden house that is in a small town.
ai liv in ə big ˈwudn   haus ðæt iz in ə smɔːl taun.

My school is far from my house.
mai sku:l iz fa:r frʌm mai haus.

My father drives me to school every morning.
mai ˈfa:ðər draivz mi: tu: sku:l   ˈevri ˈmɔ:rniŋ.

※ 자신이 선택한 횟수만큼 정확하게 그러나 편한 속도로 소리 내어 읽기가 끝났으면 한 단락만 딱 한 번만 집중하여 듣고 듣기 점검표에 체크를 합니다.

설사 소리가 다 들리지 않아도 반드시 딱 한 번만 집중해서 들은 다음에 다음 단락으로 진도를 나가서 똑같은 방식으로 학습합니다.

만약 한 단락의 음원 소리가 다 들리고 내용이 다 이해되고 속도가 보통(다다보)로 느껴진다면 그 단락의 오디오는 듣고 싶을 때 반복해서 들어도 됩니다. 틈나는 대로 많이 들을수록 좋고 집중해서 들으면 더 좋습니다.

그러나 소리가 다 들리고 내용이 다 이해되고 속도가 보통(다다보)로 느껴지지 않으면 여기서 딱 한 번만 듣고 이 교재에서 다시 들으라고 할 때까지는 또 들으면 절대로 안 됩니다.

6)
2~3회 중 자신이 횟수를 선택하여 <u>천천히</u> 정확히 소리 내어 읽습니다.
(3회까지만 읽습니다. 다음 단락도 같은 방법으로 학습합니다.)

ai du: na:t plei ˈbæskitbɔ:l wel.

ai du: na:t plei ðə piˈænou wel ˈi:ðər.

aim na:t ə gud ˈspi:kər.

ai dount tɔ:k tu: mʌtʃ.

bʌt aim ə gud ˈlisnər.

ai ˈɔ:lweiz ˈlisn tu: mai frendz ˈkeərfəli.

ai dount tɔ:k tu: mʌtʃ.

sou mai frendz ɔ:l laik mi:.

ai hæv ˈmeni frendz.

※ <u>천천히</u> 정확히 2~3회 소리 내어 읽기를 끝내고 다음으로 진도를 나갑니다.

내용을 음미하며 2~3회 중 자신이 횟수를 선택하여 정확한 발음과 악센트로 <u>자신에게 편한 속도로</u> 소리 내어 읽습니다. (3회까지만 읽습니다. 다음 단락도 같은 방법으로 학습합니다.)

I do not play basketball well.
ai du: na:t plei ˈbæskitbɔ:l wel.

I do not play the piano well either.
ai du: na:t plei ðə piˈænou wel ˈi:ðər.

I'm not a good speaker.
aim na:t ə gud ˈspi:kər.

I don't talk too much.
ai dount tɔ:k tu: mʌtʃ.

But I'm a good listener.
bʌt aim ə gud ˈlisnər.

I always listen to my friends carefully.
ai ˈɔ:lweiz ˈlisn tu: mai frendz ˈkeərfəli.

I don't talk too much.
ai dount tɔ:k tu: mʌtʃ.

So, my friends all like me.
sou mai frendz ɔ:l laik mi:.

I have many friends.
ai hæv ˈmeni frendz.

※ 자신이 정한 횟수만큼 정확하게 그러나 편한 속도로 소리 내어 읽기가 끝났으면 한 단락만 딱 한 번만 집중하여 듣고 듣기 점검표에 체크를 합니다.

만약 한 단락의 음원 소리가 다 들리고 내용이 다 이해되고 속도가 보통(다다보)로 느껴진다면 그 단락의 오디오는 듣고 싶을 때 반복해서 들어도 됩니다. 틈나는 대로 많이 들을수록 좋고 집중해서 들으면 더 좋습니다.

그러나 소리가 다 들리고 내용이 다 이해되고 속도가 보통(다다보)로 느껴지지 않으면 여기서 딱 한 번만 듣고 이 교재에서 다시 들으라고 할 때까지는 다시 들으면 절대로 안 됩니다. (다음 단락으로 진도를 나가서 똑같은 방식으로 학습합니다.)

7)
2~3회 중 자신이 횟수를 선택하여 천천히 정확히 소리 내어 읽습니다.
(3회까지만 읽습니다. 다음 단락도 같은 방법으로 학습합니다.)

waːt əˈbaut juː? aːr juː gud æt spɔːrts?
duː juː plei ˈbeisbɔːl wel?
aːr juː gud æt ˈmjuːzik?
duː juː plei ðə giˈtaːr wel? weər duː juː liv?
duː juː liv in ðə ˈkʌntri?
duː juː liv in ə smɔːl taun?
tell miː əˈbaut juərˈself.
ai wud laik tuː nou əˈbaut juː.

※ 천천히 정확히 2~3회 소리 내어 읽기를 끝내고 다음으로 진도를 나갑니다.

내용을 음미하며 2~3회 중 자신이 횟수를 선택하여 정확한 발음과 악센트로 자신에게 편한 속도로 소리 내어 읽습니다. (3회까지만 읽습니다. 다음 단락도 같은 방법으로 학습합니다.)

What about you?
waːt əˈbaut juː?

Are you good at sports?
aːr juː gud æt spɔːrts?

Do you play baseball well?
duː juː plei ˈbeisbɔːl wel?

Are you good at music?
a:r ju: gud æt ˈmju:zik?

Do you play the guitar well?
du: ju: plei ðə giˈta:r wel?

Where do you live?
weər du: ju: liv?

Do you live in the country?
du: ju: liv in ðə ˈkʌntri?

Do you live in a small town?
du: ju: liv in ə smɔ:l taun?

Tell me about yourself.
tell mi: əˈbaut juərˈself.

I would like to know about you.
ai wud laik tu: nou əˈbaut ju:.

※ 자신이 정한 횟수만큼 정확하게 그러나 편한 속도로 소리 내어 읽기가 끝났으면 한 단락만 딱 한 번만 집중하여 듣고 듣기 점검표에 체크를 합니다.

만약 한 단락의 음원 소리가 다 들리고 내용이 다 이해되고 속도가 보통(다다보)로 느껴진다면 그 단락의 오디오는 듣고 싶을 때 반복해서 들어도 됩니다. 틈나는 대로 많이 들을수록 좋고 집중해서 들으면 더 좋습니다.

그러나 소리가 다 들리고 내용이 다 이해되고 속도가 보통(다다보)로 느껴지지 않으면 여기서 딱 한 번만 듣고 이 교재에서 다시 들으라고 할 때까지는 다시 들으면 절대로 안 됩니다. (다음 단락으로 진도를 나가서 똑같은 방식으로 학습합니다.)

◆ 수고 하셨습니다. 챕터 1의 학습이 다 끝났습니다. 다음 챕터로 진도를 나가서 이 교재의 챕터 4까지 이 챕터와 똑같은 방식으로 학습해 나가시기 바랍니다.

이 교재의 챕터 4까지 진도를 나가면 챕터 4의 마지막 부분에 반복 학습 프로그램이 있으니 그 프로그램에 따라서 반복 학습을 하시면 아주 빠른 속도로 듣기 능력이 향상될 것입니다.

만약 소리가 다 들리고 내용이 다 이해되고 속도가 보통(다다보)로 느껴지는 단락이 있다면 그 단락의 오디오들은 듣고 싶을 때 아무 때나 아무런 방식으로든 반복해서 들어도 됩니다. 틈나는 대로 많이 들을수록 좋고 집중해서 들으면 더 좋습니다.

그러나 소리가 다 들리고 내용이 다 이해되고 속도가 보통(다다보)로 느껴지지 않으면 이 교재에서 다시 들으라고 할 때까지 다시 또 들으면 절대로 안 됩니다. 방법을 바꾸어서 학습한다면 그 학습 결과는 참담할 것입니다. 왜 꼭 그래야 하는지 이론적으로 궁금하신 분은 《JHO 100시간 영어 시리즈 ① 학습법》을 읽어 보시기 바랍니다.

본문을 읽기 전에 챕터 2 오디오 전체를 먼저 딱 한 번만 듣습니다. 다 듣고 난 후에는 듣기 점검표에 체크를 합니다. (반드시 딱 한 번만 들어야 합니다.) 체크를 한 후 내용을 이해하면서 소리는 내지 않고 눈으로만 챕터 2를 끝까지 읽습니다.

한국어로 해석하든 영어 그대로 이해하든 상관없이 내용을 음미하며 읽으면 됩니다.

1)
Welcome to my school. Let me introduce my school. There is a cafeteria in my school. The cafeteria is a kind of restaurant. It is a self-service restaurant. You can choose your food in the cafeteria.

2)
If you don't want to choose your food, I think you need to bring your lunch box. Let's go to the cafeteria. Here we are. This is the cafeteria. It's lunch time. Wow! There are many students in the cafeteria. I would like to eat lunch right now.

3)
There is a library in my school. You can read books in the library. You can study in the library. You can even sleep in the library. But you can't speak loudly in the library. Please be quiet in the library.

단어, 숙어

bring [briŋ] 가져오다
cafeteria [kæfəˈtiəriə] 구내식당, 카페테리아(셀프서비스식 식당)
can [kæn] ~해도 된다 / 할 수 있다
choose [tʃuːz] 선택하다, 고르다
eat [iːt] 먹다
even [ˈiːvn] 심지어 ~조차도
food [fuːd] 음식
introduce [intrəˈdjuːs] 소개하다
kind [kaind] 종류
library [ˈlaibreri] 도서관
lunch [lʌntʃ] 점심
need [niːd] 필요로 하다, ~해야 한다
please [pliːz] 제발
quiet [kwaiət] 조용한
read [riːd] 읽다
restaurant [ˈrestərɑːnt] 식당
sleep [sliːp] 자다
speak [spiːk] 말하다, 이야기하다
study [ˈstʌdi] 공부하다

there [ðeər] 거기에, 거기에서
think [θiŋk] 생각하다
want [wɔːnt] 원하다
wow [wau] 우와(감탄하는 말)

a kind of ~의 한 종류, 일종의 ~
don't want to ~하는 것을 원하지 않다
here we are 다 왔다, 도착했다
let ~ … ~가 …하는 것을 허락하다
let's ~하자, ~하도록 하자
lunch box 도시락
lunch time 점심시간
need to ~해야만 한다, ~할 필요가 있다
right now 당장, 지금 바로
self-service 셀프서비스식의
there is ~이 있다
want to ~하는 것을 원하다
welcome to ~에 오신 것을 환영합니다
would like to ~하고 싶다

해석

1) Let me introduce my school. 나의 학교를 소개할게요.
The cafeteria is a kind of restaurant. cafeteria는 일종의 식당입니다.

2) If you don't want to choose your food, I think you need to bring your lunch box.
만약 음식을 고르고 싶지 않다면 내 생각에는 도시락을 가져올 필요가 있어요.
Here we are. 도착했다. 다 왔다.
I would like to eat lunch right now. 당장 점심 식사를 하고 싶다.

3) You can even sleep in the library. 도서관에서 심지어 잠을 자도 된다.

4)
If you want to speak loudly, please go out. Let's go to the library. Here we are. This is the library. Wow! There are many students in the library. I would like to study hard.

5)
Let's go outside. There is a playing field in my school. The students are playing baseball. You can play soccer in the school playing field. You can play basketball in the school playing field.

6)
And you can even play the violin in the school playing field. But please don't read books in the school playing field. It is really strange. If you want to read books, please go to the library.

※ 충분히 이해되지 않는 분은 내용이 충분히 이해될 때까지 1~3회 정도 소리는 내지 않고 눈으로만 다시 읽으며 모르는 단어나 숙어를 익힌 후에 다음 페이지로 가서 단락별 학습을 합니다. 다음 챕터도 같은 방법으로 학습합니다.

단어, 숙어

baseball [ˈbeisbɔːl] 야구
basketball [ˈbæskitbɔːl] 농구
can [kæn] ~해도 된다 / 할 수 있다
even [ˈiːvn] 심지어 ~조차도
field [fiːld] 들, 들판
hard [haːrd] 열심히
here [ˈhiər] 여기에
library [ˈlaibreri] 도서관
out [aut] 밖으로
outside [autˈsaid] 밖, 바깥쪽
play [plei] (게임, 놀이 등을) 하다, 놀다 / 연주하다
please [pliːz] 제발
read [riːd] 읽다
really [ˈriːəli] 정말로
soccer [ˈsaːkər] 축구
speak [spiːk] 말하다, 이야기하다
strange [streindʒ] 이상한
student [ˈstuːdənt] 학생
study [ˈstʌdi] 공부하다
there [ðeər] 거기에, 거기에서
violin [vaiəˈlin] 바이올린
want [wɔːnt] 원하다

go out 밖으로 나가다, 외출하다
playing field 운동장
school playing field 학교 운동장
study hard 열심히 공부하다
there are ~이 있다
want to ~하는 것을 원하다
would like to ~하고 싶다

해석

4) If you want to speak loudly, please go out. 크게 말하고 싶으면 제발 나가줘.

6) And you can even play the violin in the school playing field.
그리고 학교 운동장에서 심지어 바이올린을 연주해도 된다.
If you want to read books, please go to the library. 책을 읽고 싶으면 제발 도서관에 가렴.

Chapter 02   발음기호 문장과 알파벳 문장

1)
천천히 정확히 2~3회 소리 내어 읽습니다.
(3회까지만 읽습니다. 다음 단락도 같은 방법으로 학습합니다.)

ˈwelkəm tu: mai sku:l.

let mi: intrəˈdju:s mai sku:l.

ðeər iz ə kæfəˈtiəriə in mai sku:l.

ðə kæfəˈtiəriə iz ə kaind əv ˈrestəra:nt.

it iz ə self-ˈsə:rvis ˈrestəra:nt.

ju: kæn tʃu:z ˈjuər fu:d in ðə kæfəˈtiəriə.

※ 천천히 정확히 2~3회 소리 내어 읽기를 마쳤으면 다음으로 진도를 나갑니다.

내용을 음미하며 정확하게 그러나 편한 속도로 2~3회 소리 내어 읽습니다. (3회까지만 읽습니다. 다음 단락도 같은 방법으로 학습합니다.)

Welcome to my school.
ˈwelkəm tu: mai sku:l.

Let me introduce my school.
let mi: intrəˈdju:s mai sku:l.

There is a cafeteria in my school.
ðeər iz ə kæfəˈtiəriə in mai sku:l.

The cafeteria is a kind of restaurant.
ðə kæfəˈtiəriə iz ə kaind əv ˈrestəra:nt.

It is a self-service restaurant.
it iz ə self-ˈsə:rvis ˈrestəra:nt.

You can choose your food in the cafeteria.
ju: kæn tʃu:z ˈjuər fu:d in ðə kæfəˈtiəriə.

※ 정확한 발음으로 그러나 편한 속도로 2~3회 소리 내어 읽고 한 단락만 딱 한 번만 집중하여 듣고 듣기 점검표에 체크를 합니다. 다음으로 진도를 나갑니다.

만약 한 단락의 음원 소리가 다 들리고 내용이 다 이해되고 속도가 보통(다다보)로 느껴진다면 그 단락의 오디오는 듣고 싶을 때 반복해서 들어도 됩니다. 틈나는 대로 많이 들을수록 좋고 집중해서 들으면 더 좋습니다.

그러나 다다보가 되지 않으면 여기서 딱 한 번만 듣고 이 교재에서 다시 들으라고 할 때까지는 다시 들으면 절대로 안 됩니다. (다음 단락도 같은 방법으로 학습합니다.)

2)
천천히 정확히 2~3회 소리 내어 읽습니다.

if juː dount wɔːnt tuː tʃuːz ˈjuər fuːd,
ai θiŋk juː niːd tuː briŋ ˈjuər lʌntʃ baːks.
lets gou tuː ðə kæfəˈtiəriə. ˈhiər wiː aːr.
ðis iz ðə kæfəˈtiəriə. its lʌntʃ taim.
wau! ðeər aːr ˈmeni ˈstuːdənts in ðə kæfəˈtiəriə.
ai wud laik tuː iːt lʌntʃ rait nau.

※ 천천히 정확히 2~3회 소리 내어 읽기를 끝내고 다음으로 진도를 나갑니다.

내용을 음미하며 <u>정확한 발음으로 그러나 편한 속도로 2~3회 소리 내어</u> 읽습니다.

If you don't want to choose your food,
if juː dount wɔːnt tuː tʃuːz 'juər fuːd,

I think you need to bring your lunch box.
ai θiŋk juː niːd tuː briŋ 'juər lʌntʃ baːks.

Let's go to the cafeteria.
lets gou tuː ðə kæfə'tiəriə.

Here we are.
'hiər wiː aːr.

This is the cafeteria.
ðis iz ðə kæfə'tiəriə.

It's lunch time.
its lʌntʃ taim.

Wow! There are many students in the cafeteria.
wau! ðeər aːr 'meni 'stuːdənts in ðə kæfə'tiəriə.

I would like to eat lunch right now.
ai wud laik tuː iːt lʌntʃ rait nau.

※ 정확한 발음으로 그러나 편한 속도로 2~3회 소리 내어 읽었으면 <u>한 단락만 딱 한 번만</u> 집중하여 듣고 듣기 점검표에 체크를 합니다. 만약 다다보가 됐다면 그 단락의 오디오는 듣고 싶을 때 반복해서 들어도 됩니다. 틈나는 대로 많이 들을수록 좋고 집중해서 들으면 더 좋습니다.

그러나 다다보가 되지 않은 단락은 딱 한 번만 듣고 이 교재에서 <u>다시 들으라고 할 때</u> 까지는 다시 들으면 절대로 안 됩니다. 다음으로 진도를 나갑니다.

3)
밑줄친 천천히 정확히 2~3회 소리 내어 읽습니다.

ðeər iz ə ˈlaibreri in mai skuːl.

juː kæn riːd buks in ðə ˈlaibreri.

juː kæn ˈstʌdi in ðə ˈlaibreri.

juː kæn ˈiːvn sliːp in ðə ˈlaibreri.

bʌt juː kænt spiːk ˈlaudli in ðə ˈlaibreri.

pliːz biː kwaiət in ðə ˈlaibreri.

※ 천천히 정확히 2~3회 소리 내어 읽기를 끝내고 다음으로 진도를 나갑니다.

내용을 음미하며 정확한 발음으로 그러나 편한 속도로 2~3회 소리 내어 읽습니다.

There is a library in my school.
ðeər iz ə ˈlaibreri in mai skuːl.

You can read books in the library.
juː kæn riːd buks in ðə ˈlaibreri.

You can study in the library.
juː kæn ˈstʌdi in ðə ˈlaibreri.

You can even sleep in the library.
juː kæn ˈiːvn sliːp in ðə ˈlaibreri.

But you can't speak loudly in the library.
bʌt juː kænt spiːk ˈlaudli in ðə ˈlaibreri.

Please be quiet in the library.
pliːz biː kwaiət in ðə ˈlaibreri.

※ 정확한 발음으로 그러나 편한 속도로 2~3회 소리 내어 읽었으면 한 단락만 딱 한 번만 집중하여 듣고 듣기 점검표에 체크를 합니다. 만약 다다보가 됐다면 그 단락의 오디오는 듣고 싶을 때 반복해서 들어도 됩니다. 틈나는 대로 많이 들을수록 좋고 집중해서 들으면 더 좋습니다.

그러나 다다보가 되지 않은 단락은 딱 한 번만 듣고 이 교재에서 다시 들으라고 할 때까지는 다시 들으면 절대로 안 됩니다. 다음으로 진도를 나갑니다.

4)
천천히 정확히 2~3회 소리 내어 읽습니다.

if juː wɔːnt tuː spiːk ˈlaudli, pliːz gou aut.
lets gou tuː ðə ˈlaibreri. ˈhiər wiː aːr.
ðis iz ðə ˈlaibreri.
wau! ðeər aːr ˈmeni ˈstuːdənts in ðə ˈlaibreri.
ai wud laik tuː ˈstʌdi haːrd.

※ 천천히 정확히 2~3회 소리 내어 읽기를 끝내고 다음으로 진도를 나갑니다.

내용을 음미하며 정확한 발음으로 그러나 편한 속도로 2~3회 소리 내어 읽습니다.

If you want to speak loudly, please go out.
if ju: wɔ:nt tu: spi:k ˈlaudli, pli:z gou aut.

Let's go to the library.
lets gou tu: ðə ˈlaibreri.

Here we are.
ˈhiər wi: a:r.

This is the library.
ðis iz ðə ˈlaibreri.

Wow! There are many students in the library.
wau! ðeər a:r ˈmeni ˈstu:dənts in ðə ˈlaibreri.
I would like to study hard.
ai wud laik tu: ˈstʌdi ha:rd

※ 정확한 발음으로 그러나 편한 속도로 2~3회 소리 내어 읽었으면 한 단락만 딱 한 번만 집중하여 듣고 듣기 점검표에 체크를 합니다. 만약 다다보가 됐다면 그 단락의 오디오는 듣고 싶을 때 반복해서 들어도 됩니다. 틈나는 대로 많이 들을수록 좋고 집중해서 들으면 더 좋습니다.

그러나 다다보가 되지 않은 단락은 딱 한 번만 듣고 이 교재에서 다시 들으라고 할 때까지는 다시 들으면 절대로 안 됩니다. 다음으로 진도를 나갑니다.

5)
천천히 정확히 2~3회 소리 내어 읽습니다.

lets gou autˈsaid.
ðeər iz ə ˈpleiiŋ fiːld in mai skuːl.
ðə ˈstuːdənts aːr ˈpleiiŋ ˈbeisbɔːl.
juː kæn plei ˈsaːkər in ðə skuːl ˈpleiiŋ fiːld.
juː kæn plei ˈbæskitbɔːl
in ðə skuːl ˈpleiiŋ fiːld.

※ 천천히 정확히 2~3회 소리 내어 읽기를 끝내고 다음으로 진도를 나갑니다.

내용을 음미하며 정확한 발음으로 그러나 편한 속도로 2~3회 소리 내어 읽습니다.

Let's go outside.
lets   gou autˈsaid.

There is a playing field in my school.
ðeər   iz ə ˈpleiiŋ fi:ld in mai sku:l.

The students are playing baseball.
ðə   ˈstu:dənts a:r ˈpleiiŋ   ˈbeisbɔ:l.

You can play soccer in the school playing field.
ju: kæn plei ˈsa:kər in ðə sku:l ˈpleiiŋ fi:ld.

You can play basketball in the school playing field.
ju: kæn plei ˈbæskitbɔ:l in ðə sku:l ˈpleiiŋ   fi:ld.

※ 정확한 발음으로 그러나 편한 속도로 2~3회 소리 내어 읽었으면 한 단락만 딱 한 번만 집중하여 듣고 듣기 점검표에 체크를 합니다. 만약 다다보가 됐다면 그 단락의 오디오는 듣고 싶을 때 반복해서 들어도 됩니다. 틈나는 대로 많이 들을수록 좋고 집중해서 들으면 더 좋습니다.

그러나 다다보가 되지 않은 단락은 딱 한 번만 듣고 이 교재에서 다시 들으라고 할 때까지는 다시 들으면 절대로 안 됩니다. 다음으로 진도를 나갑니다.

6)
천천히 정확히 2~3회 소리 내어 읽습니다.

ænd ju: kæn 'i:vn plei ðə vaiə'lin
in ðə sku:l 'pleiiŋ fi:ld.
bʌt pli:z dount ri:d buks
in ðə sku:l 'pleiiŋ fi:ld. it iz 'ri:əli streindʒ.
if ju: wɔ:nt tu: ri:d buks,
pli:z gou tu: ðə 'laibreri.

※ 천천히 정확히 2~3회 소리 내어 읽기를 끝내고 다음으로 진도를 나갑니다.

내용을 음미하며 정확한 발음으로 그러나 편한 속도로 2~3회 소리 내어 읽습니다.

And you can even play the violin in the school playing field.
ænd ju: kæn ˈiːvn plei ðə vaiəˈlin in ðə skuːl ˈpleiiŋ fiːld.

But please don't read books in the school playing field.
bʌt pliːz dount riːd buks in ðə skuːl ˈpleiiŋ fiːld.

It is really strange.
it iz ˈriːəli streindʒ.

If you want to read books, please go to the library.
if ju: wɔːnt tu: riːd buks, pliːz gou tu: ðə ˈlaibreri.

※ 정확한 발음으로 그러나 편한 속도로 2~3회 소리 내어 읽었으면 한 단락만 딱 한 번만 집중하여 듣고 듣기 점검표에 체크를 합니다. 만약 다다보가 됐다면 그 단락의 오디오는 듣고 싶을 때 반복해서 들어도 됩니다. 틈나는 대로 많이 들을수록 좋고 집중해서 들으면 더 좋습니다.

그러나 다다보가 되지 않은 단락은 딱 한 번만 듣고 이 교재에서 다시 들으라고 할 때까지는 다시 들으면 절대로 안 됩니다. 다음으로 진도를 나갑니다.

◆ 수고 하셨습니다. 챕터 2의 학습이 다 끝났습니다. 다음 챕터로 진도를 나가서 이 교재의 챕터 4까지 이 챕터와 똑같은 방식으로 학습해 나가시기 바랍니다.

이 교재의 챕터 4까지 진도를 나가면 챕터 4의 마지막 부분에 반복 학습 프로그램이 있으니 그 프로그램에 따라서 반복 학습을 하시면 아주 빠른 속도로 듣기 능력이 향상될 것입니다.

만약 소리가 다 들리고 내용이 다 이해되고 속도가 보통(다다보)로 느껴지는 단락이 있다면 그 단락의 오디오들은 듣고 싶을 때 아무 때나 아무런 방식으로든 반복해서 들어도 됩니다. 틈나는 대로 많이 들을수록 좋고 집중해서 들으면 더 좋습니다.

그러나 소리가 다 들리고 내용이 다 이해되고 속도가 보통(다다보)로 느껴지지 않으면 이 교재에서 다시 들으라고 할 때까지 다시 들으면 절대로 안 됩니다. 방법을 바꾸어서 학습한다면 그 학습 결과는 참담할 것입니다. 왜 꼭 그래야 하는지 이론적으로 궁금하신 분은 《JHO 100시간 영어 시리즈 ① 학습법》을 읽어 보시기 바랍니다.

본문을 읽기 전에 챕터 3 오디오 전체를 먼저 딱 한 번만 듣습니다. 다 듣고 난 후에는 듣기 점검표에 체크를 합니다. (반드시 딱 한 번만 들어야 합니다.) 체크를 한 후 내용을 이해하면서 소리는 내지 않고 눈으로만 챕터 3를 끝까지 읽습니다.

한국어로 해석하든 영어 그대로 이해하든 상관없이 내용을 음미하며 읽으면 됩니다.

1)
I live with my mother, my father, my elder sister and my younger brother in the city. We live in the apartment which is by the park. My apartment is on the third floor. My mother is a housewife who does the housework and takes care of my family.

2)
My father is an office worker who works hard. My younger brother goes to kindergarten. My father drives him to kindergarten every morning. My elder sister graduated from University last year but she didn't get a job. She is looking for a job.

3)
On weekends, we get out of the city. That's because my parents like to spend time in nature. And my grandparents live in the country. My grandfather is a farmer who grows vegetables and fruits.

단어, 숙어

brother ['brʌðər] 남자 형제
elder ['eldər] 나이가 더 많은
farmer ['fɑ:rmər] 농민, 농부
floor [flɔ:r] 층, 바닥
fruit [fru:t] 과일
graduate ['grædʒueit] 졸업하다
grandfather ['grændfɑ:ðər] 할아버지
grandparents ['grændpeərənts] 조부모(할아버지, 할머니)
grow [grou] 기르다, 재배하다 / 성장하다
housewife ['hauswaif] 주부
housework ['hauswə:rk] 집안일
kindergarten ['kindərgɑrtn] 유치원
nature ['neitʃər] 자연
office ['ɔ:fis] 사무실
parents ['peərənts] 부모
sister ['sistər] 여자형제
spend [spend] 시간을 보내다 / 돈을 쓰다
third [θə:rd] 셋째의, 제3의
university [ju:ni'və:rsəti] 대학교
vegetable ['vedʒtəbl] 야채
weekend ['wi:kend] 주말
worker ['wə:rkər] 노동자
younger [jʌ́ŋgər] 더 어린, 더 젊은

by the park 공원 옆에
do the housework 집안일을 하다
drive ~ to … ~를 …로 차로 데려다 주다
elder sister 누나, 언니
get a job 직업을 얻다
get out of ~에서 벗어나다, ~에서 나오다
graduate from ~에서 졸업하다
in nature 자연 속에서
last year 작년에
look for ~을 찾다
office worker 회사원, 사무원 / 사무직 근로자
on the third floor 3층에
on weekends 주말에
take care of ~를 돌보다, 보살피다
that's because 그것은 ~ 때문이다
third floor 3층
work hard 열심히 일하다
younger brother 남동생

해석

1) We live in the apartment which is by the park. 공원 옆에 있는 아파트에서 산다.
My mother is a housewife who does the housework and takes care of my family.
엄마는 집안일을 하며 가족을 보살피는 가정주부이다.

2) My father is an office worker who works hard. 아빠는 열심히 일하는 회사원이다
My elder sister graduated from University last year but she didn't get a job.
누나는 작년에 대학을 졸업했는데 직장을 구하지 못했다.

3) On weekends, we get out of the city. 주말이면 우리는 도시를 떠난다.
That's because my parents like to spend time in nature.
그것은 부모님이 자연 속에서 시간 보내기를 좋아하기 때문이지.

4)

My grandfather grows strawberries, apples, pears, potatoes and tomatoes. As you know, strawberries are red. Apples and tomatoes are red, too. But pears and potatoes are brown. When I stay in my grandfather's house, I can eat a lot of fruits and vegetables.

5)

When we left my grandfather's house last weekend, my father said, "I'll be back." When he said "I will be back," he really looked like the 'Terminator.' He always keeps his word. So, we will be back next weekend. By the way, Do you know the 'Terminator?'

※ 충분히 이해되지 않는 분은 내용이 충분히 이해될 때까지 1~3회 정도 소리는 내지 않고 눈으로만 다시 읽으며 모르는 단어나 숙어를 익힌 후에 다음 페이지로 가서 단락별 학습을 합니다. 다음 챕터도 같은 방법으로 학습합니다.

단어, 숙어

always [ˈɔːlweiz] 항상
brown [braun] 갈색의
fruit [fruːt] 과일
grandfather [ˈgrændfɑːðər] 할아버지
grow [grou] 기르다, 재배하다 / 성장하다
keep [kiːp] 약속을 지키다 / 유지하다
leave [liːv] / left [left] / left [left] 떠나다
look [luk] ~처럼 보이다 / 보다
next [nekst] 다음의
pear [peər] 배
potato [pəˈteitou] 감자
really [ˈriːəli] 정말로
stay [stei] 머무르다
strawberry [ˈstrɔːberi] 딸기
terminator [ˈtərmineitər] 터미네이터 (미국 액션 영화 제목) / 종결자, 끝내는 사람
tomato [təˈmeitou] 토마토
word [wəːrd] 말 / 단어

a lot of 많은
as you know 알다시피
be back 돌아오다
by the way 그런데
I'll I will의 줄임말
keep one's word 약속을 지키다
last weekend 지난 주말에
look like ~처럼 보이다

해석

4) As you know, strawberries are red. 알다시피 딸기는 붉은 색이다.
When I stay in my grandfather's house, I can eat a lot of fruits and vegetables.
할아버지 집에 머물 때 나는 과일과 채소들을 엄청 먹을 수 있다.

5) When we left my grandfather's house last weekend, my father said, "I'll be back."
지난주에 우리가 할아버지 집을 떠날 때, 아빠는 "돌아올 거야."라고 말했다.
When he said "I will be back," he really looked like the 'Terminator.'
'아빠가 "돌아올 거야."라고 말할 때 정말 (영화 속의) '터미네이터' 같았다.

Chapter 03 발음기호 문장과 알파벳 문장

1)
천천히 정확히 2~3회 소리 내어 읽습니다.

ai liv wið mai ˈmʌðər, mai ˈfaːðər, mai ˈeldər
ˈsistər, ænd mai ˈjʌŋɡər ˈbrʌðər in ðə ˈsiti.
wiː liv in ðə əˈpaːrtmənt witʃ iz bai ðə paːrk.
mai əˈpaːrtmənt iz ɔːn ðə θəːrd flɔːr.
mai ˈmʌðər iz ə ˈhauswaif huː dʌz ðə
ˈhauswəːrk ænd teiks keər əv mai ˈfæməli.

※ 천천히 정확히 2~3회 소리 내어 읽기를 마쳤으면 다음으로 진도를 나갑니다.

내용을 음미하며 <u>정확하게 그러나 편한 속도로</u> 2~3회 <u>소리 내어</u> 읽습니다.

I live with my mother, my father, my elder sister,
ai liv   wið   mai ˈmʌðər, mai ˈfaːðər, mai ˈeldər ˈsistər,

and my younger brother in the city.
ænd mai ˈjʌŋgər   ˈbrʌðər in ðə ˈsiti.

We live in the apartment which is by the park.
wiː liv   in ðə əˈpaːrtmənt witʃ iz bai ðə paːrk.

My apartment is on the third floor.
mai əˈpaːrtmənt iz ɔːn ðə θəːrd flɔːr.

My mother is a housewife who does the housework
mai ˈmʌðər iz ə ˈhauswaif huː dʌz ðə ˈhauswəːrk

and takes care of my family.
ænd teiks keər əv mai ˈfæməli.

※ <u>정확한 발음으로 그러나 편한 속도로</u> 2~3회 소리 내어 읽었으면 한 단락만 딱 한 번만 집중하여 듣고 듣기 점검표에 체크를 합니다. 만약 다다보가 됐다면 그 단락의 오디오는 듣고 싶을 때 반복해서 들어도 됩니다. 틈나는 대로 많이 들을수록 좋고 집중해서 들으면 더 좋습니다.

그러나 다다보가 되지 않으면 여기서 <u>딱 한 번만</u> 듣고 이 교재에서 다시 들으라고 할 때까지는 <u>다시 들으면 절대로 안</u> 됩니다. 다음으로 진도를 나갑니다.

Chapter 03

2)
천천히 정확히 2~3회 소리 내어 읽습니다.

mai ˈfaːðər iz ən ˈɔːfis ˈwəːrkər huː
wəːrks haːrd.
mai ˈjʌŋgər ˈbrʌðər gouz tuː ˈkindərgartn.
mai ˈfaːðər draivz him tuː ˈkindərgartn
ˈevri ˈmɔːrniŋ.
mai ˈeldər ˈsistər ˈgrædjueitid frʌm
juːniˈvəːrsəti last ˈjiər
bʌt ʃiː didnt get ə dʒaːb.
ʃiː iz ˈlukiŋ fɔːr ə dʒaːb.

※ 천천히 정확히 2~3회 소리 내어 읽기를 마쳤으면 다음으로 진도를 나갑니다.

내용을 음미하며 <u>정확하게 그러나 편한 속도로</u> 2~3회 <u>소리 내어</u> 읽습니다.

My father is an office worker who works hard.
my ˈfaːðər iz ən ˈɔːfis ˈwəːrkər huː wəːrks haːrd.

My younger brother goes to kindergarten.
mai ˈjʌŋgər ˈbrʌðər gouz tuː ˈkindərgartn.

My father drives him to kindergarten every morning.
mai ˈfaːðər draivz him tuː ˈkindərgartn ˈevri ˈmɔːrniŋ.

My elder sister graduated from University last year
mai ˈeldər ˈsistər ˈgrædjueitid frʌm juːniˈvəːrsəti last ˈjiər

but she didn't get a job.
bʌt ʃiː didnt get ə dʒaːb.

She is looking for a job.
ʃiː iz ˈlukiŋ fɔːr ə dʒaːb.

※ <u>정확한 발음으로 그러나 편한 속도로</u> 2~3회 소리 내어 읽었으면 <u>한 단락만 딱 한 번만</u> 집중하여 듣고 듣기 점검표에 체크를 합니다. 만약 다다보가 됐다면 그 단락의 오디오는 듣고 싶을 때 반복해서 들어도 됩니다. 틈나는 대로 많이 들을수록 좋고 집중해서 들으면 더 좋습니다.

그러나 <u>다다보</u>가 되지 않으면 여기서 <u>딱 한 번만</u> 듣고 이 교재에서 다시 들으라고 할 때까지는 <u>다시 들으면 절대로 안</u> 됩니다. 다음으로 진도를 나갑니다.

3)
천천히 정확히 2~3회 소리 내어 읽습니다.

    on ˈwiːkendz, wiː get aut əv ðə ˈsiti.
    ðæts biˈkɔːz mai ˈpeərənts laik tuː spend taim
    in ˈneitʃər.
    ænd mai ˈgrænpeərənts liv in ðə ˈkʌntri.
    mai ˈgrænfaːðər iz ə ˈfaːrmər huː
    grouz ˈvedʒtəblz ænd fruːts.

※ 천천히 정확히 2~3회 소리 내어 읽기를 마쳤으면 다음으로 진도를 나갑니다.

내용을 음미하며 정확하게 그러나 편한 속도로 2~3회 소리 내어 읽습니다.

On weekends, we get out of the city.
on ˈwiːkendz, wiː get aut əv ðə ˈsiti.

That's because my parents like to spend time in nature.
ðæts biˈkɔːz mai ˈpeərənts laik tuː spend taim in ˈneitʃər.

And my grandparents live in the country.
ænd mai ˈgrænpeərənts liv in ðə ˈkʌntri.

My grandfather is a farmer who grows vegetables and fruits.
mai ˈgrænfaːðər iz ə ˈfaːrmər huː grouz ˈvedʒtəblz ænd fruːts.

※ 정확한 발음으로 그러나 편한 속도로 2~3회 소리 내어 읽었으면 한 단락만 딱 한 번만 집중하여 듣고 듣기 점검표에 체크를 합니다. 만약 다다보가 됐다면 그 단락의 오디오는 듣고 싶을 때 반복해서 들어도 됩니다. 틈나는 대로 많이 들을수록 좋고 집중해서 들으면 더 좋습니다.

그러나 다다보가 되지 않으면 여기서 딱 한 번만 듣고 이 교재에서 다시 들으라고 할 때까지는 다시 들으면 절대로 안 됩니다. 다음으로 진도를 나갑니다.

Chapter 03

61

4)
천천히 정확히 2~3회 소리 내어 읽습니다.

mai ˈgrænfaːðər grouz ˈstrɔːberiz, ˈæplz,
peərz, pəˈteitouz, ænd təˈmeitouz.
æz juː nou, ˈstrɔːberiz aːr red.
ˈæplz ænd təˈmeitouz aːr red, tuː.
bʌt peərz ænd pəˈteitouz aːr braun.
wen ai stei in mai ˈgrænfaːðərz haus,
ai kæn iːt ə laːt əv fruːts ænd ˈvedʒtəblz.

※ 천천히 정확히 2~3회 소리 내어 읽기를 마쳤으면 다음으로 진도를 나갑니다.

내용을 음미하며 정확하게 그러나 편한 속도로 2~3회 소리 내어 읽습니다.

My grandfather grows strawberries, apples, pears, potatoes
mai ˈgrænfa:ðər grouz ˈstrɔ:beriz, ˈæplz, peərz, pəˈteitouz,

and tomatoes.
ænd təˈmeitouz.

As you know, strawberries are red.
æz ju: nou, ˈstrɔ:beriz   a:r red.

Apples and tomatoes are red, too.
ˈæplz   ænd təˈmeitouz a:r red, tu:.

But pears and potatoes are brown.
bʌt peərz ænd pəˈteitouz a:r braun.

When I stay in my grandfather's house,
wen ai stei in mai ˈgrænfa:ðərz   haus,

I can eat a lot of fruits and vegetables.
ai kæn i:t ə la:t əv fru:ts ænd ˈvedʒtəblz.

※ 정확한 발음으로 그러나 편한 속도로 2~3회 소리 내어 읽었으면 한 단락만 딱 한 번만 집중하여 듣고 듣기 점검표에 체크를 합니다. 만약 다다보가 됐다면 그 단락의 오디오는 듣고 싶을 때 반복해서 들어도 됩니다. 틈나는 대로 많이 들을수록 좋고 집중해서 들으면 더 좋습니다.

그러나 다다보가 되지 않으면 여기서 딱 한 번만 듣고 이 교재에서 다시 들으라고 할 때까지는 다시 들으면 절대로 안 됩니다. 다음으로 진도를 나갑니다.

5)
천천히 정확히 2~3회 소리 내어 읽습니다.

wen wi: left mai ˈgrænfa:ðərz haus
last ˈwi:kend, mai ˈfa:ðər sed,
"ail bi: bæk."
wen hi: sed, "ai wil bi: bæk."
hi: ˈri:əli lukt laik ðə ˈtərmineitər.
hi: ˈɔ:lweiz ki:ps hiz wə:rd,
sou wi: wil bi: bæk nekst ˈwi:kend.
bai ðə wei, du: ju: nou ðə ˈtərmineitər?

※ 천천히 정확히 2~3회 소리 내어 읽기를 마쳤으면 다음으로 진도를 나갑니다.

내용을 음미하며 정확하게 그러나 편한 속도로 2~3회 소리 내어 읽습니다.

When we left my grandfather's house last weekend,
wen wi: left mai ˈgrænfa:ðərz haus last 'wi:kend,

my father said, "I'll be back."
mai ˈfa:ðər sed, "ail bi: bæk."

When he said, "I will be back,"
wen   hi: sed, "ai wil bi: bæk,"

he really looked like the 'Terminator.'
hi: ˈri:əli lukt   laik ðə 'tərmineitər.

He always keeps his word.
hi: ˈɔ:lweiz ki:ps   hiz wə:rd,

So, we will be back next weekend.
sou wi: wil bi: bæk nekst 'wi:kend.

By the way, Do you know the 'Terminator?'
bai ðə wei, du: ju: nou   ðə 'tərmineitər?

※ 정확한 발음으로 그러나 편한 속도로 2~3회 소리 내어 읽었으면 한 단락만 딱 한 번만 집중하여 듣고 듣기 점검표에 체크를 합니다. 만약 다다보가 됐다면 그 단락의 오디오는 듣고 싶을 때 반복해서 들어도 됩니다. 틈나는 대로 많이 들을수록 좋고 집중해서 들으면 더 좋습니다.

그러나 다다보가 되지 않으면 여기서 딱 한 번만 듣고 이 교재에서 다시 들으라고 할 때까지는 다시 들으면 절대로 안 됩니다. 다음으로 진도를 나갑니다.

◆ 수고 하셨습니다. 챕터 3의 학습이 다 끝났습니다. 다음 챕터로 진도를 나가서 이 교재의 챕터 4까지 이 챕터와 똑같은 방식으로 학습해 나가시기 바랍니다.

이 교재의 챕터 4까지 진도를 나가면 챕터 4의 마지막 부분에 반복 학습 프로그램이 있으니 그 프로그램에 따라서 반복 학습을 하시면 아주 빠른 속도로 듣기 능력이 향상될 것입니다.

만약 소리가 다 들리고 내용이 다 이해되고 보통(다다보)로 느껴지는 단락이 있다면 그 단락의 오디오들은 듣고 싶을 때 아무 때나 아무런 방식으로든 반복해서 들어도 됩니다. 틈나는 대로 많이 들을수록 좋고 집중해서 들으면 더 좋습니다.

그러나 소리가 다 들리고 내용이 다 이해되고 보통(다다보)로 느껴지지 않으면 이 교재에서 다시 들으라고 할 때까지 다시 들으면 절대로 안 됩니다. 방법을 바꾸어서 학습한다면 그 학습 결과는 참담할 것입니다. 왜 꼭 그래야 하는지 이론적으로 궁금하신 분은 《JHO 100시간 영어 시리즈 ① 학습법》을 읽어 보시기 바랍니다.

※ 본문을 읽기 전에 챕터 4 오디오 전체를 먼저 <u>한 번만</u> 들은 후에 듣기 점검표에 체크를 합니다. (반드시 딱 한 번만 들어야 합니다.) 체크를 한 후 내용을 이해하면서 챕터 4를 끝까지 읽습니다. <u>소리는 내지 않고 눈으로만</u> 읽습니다.

한국어로 해석하든 영어 그대로 이해하든 상관없이 내용을 음미하며 읽으면 됩니다.

1)
Chulmin introduces himself in a meeting. Hello everyone! Let me introduce myself to you. My name is Chulmin. I was born in Busan, but I grew up in Seoul. My family moved to Seoul when I was eleven years old. Now I live in Seoul with my parents. My grandparents still live in Busan.

2)
As you can see, I am a boy. Yesterday I had my hair cut and bought new clothes for this meeting. I am wearing new clothes that I bought yesterday. How do I look? What? Do I look like a girl? I hope it's a joke. What? Did you say I am a handsome boy?

3)
Thank you so much for the compliment. I think I'm not an ugly person. But, I know I am not a handsome guy. Thank you for your compliment anyway.

단어, 숙어

anyway ['eniwei] 어쨌든, 하여튼
born [bɔ:rn] 태어난
buy [bai] / bought [bɔ:t] / bought [bɔ:t] 사다
clothes [klouz] 옷, 의복
compliment ['ka:mpləmənt] 칭찬, 칭찬하다
cut [kʌt] / cut [kʌt] / cut [kʌt] 자르다
eleven [i'levən] 열하나, 11
everyone ['evriwʌn] 여러분
grandparents ['grændpeərənts] 조부모(할아버지, 할머니)
grow [grou] / grew [gru:] / grown [groun] 자라다, 성장하다 / 재배하다
guy [gai] 남자, 녀석
hair [heər] 머리카락
handsome ['hænsəm] 잘 생긴
himself [him'self] 그 자신
hope [houp] 바라다, 희망하다
introduce [intrə'dju:s] 소개하다

joke [dʒouk] 농담
meeting ['mi:tiŋ] 모임, 미팅
move [mu:v] 이사하다 / 움직이다
myself [mai'self] 나 자신, 내 자신
Seoul [soul] 서울
still [stil] 여전히
thank [θæŋk] 감사하다
ugly ['ʌgli] 못 생긴, 추한
wear [weər] 입다
yesterday ['jestərdei] 어제

be born 태어나다
grow up 자라다, 성장하다
have my hair cut 머리카락이 잘리게 하다 (→ 이발을 하다) * cut는 과거 분사
have + 목적어 + 과거분사 (목적어)가 …되도록 시키다(만들다)
look like ~처럼 보이다
move to ~로 이사하다

해석

1) Let me introduce myself to you. 여러분께 저를 소개하겠습니다.
My family moved to Seoul when I was eleven years old.
우리 가족은 내가 11살이었을 때 서울로 이사 왔습니다.

2) As you can see, I am a boy. 보다시피 나는 남자아이입니다.
Yesterday I had my hair cut and bought new clothes for this meeting.
이 모임을 위해서 어제 머리를 자르고 새 옷을 샀습니다.
 How do I look? 내가 어떻게 보여요? (→ 나 어때요?)
Do I look like a girl? 내가 여자아이처럼 보여요?

3) Thank you so much for the compliment. 칭찬 고마워요
Thank you for your compliment anyway. 어쨌든 당신의 칭찬에 감사합니다.

4)

How old do I look? Have a guess. Many people say that I look young for my age. Maybe you think I am a middle school student. But, I am a high school student. And I'm eighteen years old.

5)

I am good at sports. I play basketball well and I play soccer well, too. But I am not good at music. I am not a good singer. I can't play the piano and I can't play the guitar, either. There is no musical instrument that I can play well.

6)

When I was a child, my parents wanted me to learn to play a musical instrument. But I knew that I had no talent for music. So, I didn't learn to play a musical instrument.

7)

My hobbies are reading books and watching movies. I have no talent for music but I like to listen to music. And I like to dance to music, too. I don't talk very well but I am a good listener. I always try to listen to others carefully.

단어, 숙어

age [eidʒ] 나이, 연령
always ['ɔ:lweiz] 항상
carefully ['keərfəli] 신중하게, 주의깊게
child [tʃaild] 아이
eighteen [ei'ti:n] 열여덟, 18
either ['i:ðər] 또한, 역시 / 둘 중 하나
guess [ges] 추측하다
hobby ['ha:bi] 취미
instrument ['instrəmənt] 기구, 도구
know [nou] / knew [nju:] / known [noun] 알다
learn [lə:rn] 배우다
maybe ['meibi] 아마, 어쩌면
middle ['midl] 중앙의
movie ['mu:vi] 영화
others ['ʌðərz] 다른 사람들 / 다른 것들
singer ['siŋər] 가수
talent ['tælənt] 재능, 재주

try [trai] 노력하다
watch [wa:tʃ] 보다
young [jʌŋ] 젊은, 어린

for my age 내 나이에 비해서
good listener 남의 말을 잘 들어주는 사람
have a guess 추측하다
high school 고등학교
learn to ~하는 것을 배우다
middle school 중학교
musical instrument 악기
talent for ~에 대한 재능
there is no ~이 없다
to music 음악에 맞추어
try to ~하려고 노력하다
want ~ to ... ~가 …하는 것을 원하다

해석

4) How old do I look? 내가 몇 살로 보여요?
Have a guess. 알아 맞혀 보세요.
Many people say that I look young for my age.
많은 사람들이 나이에 비해서 내가 어려 보인다고 말합니다.

5) There is no musical instrument that I can play well. 연주를 잘하는 악기는 없어요.

6) When I was a child, my parents wanted me to learn to play a musical instrument.
내가 어린아이 이었을 때, 부모님들은 내가 악기 연주를 배우기를 원했어요.
But I knew that I had no talent for music. 그러나 나는 내가 음악에 소질이 없는 것을 알았죠.

7) I like to dance to music 음악에 맞추어 춤추는 것을 좋아해요
I don't talk very well but I am a good listener. 나는 말을 잘하지는 못하지만 남의 말을 잘 들어 줍니다.

8)

I want to make new friends. I came here to make good friends. I want to get to know more about you. I want to get along well with you. Thanks for listening to me. Do you have any questions?

9)

"How many brothers and sisters do you have?" "Thank you for asking. I don't have any brothers or sisters. I am an only child." "What is your favorite book that you have ever read? And what is your favorite movie that you have ever seen?"

10)

"Thank you for asking. My favorite book that I have ever read is 'Crime and Punishment.' And My favorite movie that I have ever seen is 'Dead Poets Society.'

※ 충분히 이해되지 않는 분은 내용이 충분히 이해될 때까지 1~3회 정도 소리는 내지 않고 눈으로만 다시 읽으며 모르는 단어나 숙어를 익힌 후에 다음 페이지로 가서 단락별 학습을 합니다. 다음 챕터도 같은 방법으로 학습합니다.

단어, 숙어

brother [ˈbrʌðər] 남자 형제
come [kʌm] / came [keim] / come [kʌm] 오다
crime [kraim] 범죄, 죄
dead [ded] 죽은
favorite [ˈfeivərit] 제일 좋아하는
movie [ˈmuːvi] 영화
only [ˈounli] 유일한
poet [ˈpouit] 시인
punishment [ˈpʌniʃmənt] 벌
question [ˈkwestʃən] 질문
see [siː] / saw [sɔː] / seen [siːn] 보다
society [səˈsaiəti] 사회
want [wɔːnt] 원하다

an only child 외동(딸, 아들)
crime and punishment 죄와 벌 (유명한 러시아 소설)
Dead Poets Society 죽은 시인의 사회 (유명한 미국 영화)
get along well with ~와 사이좋게 지내다
get to know 알게 되다
make friends 친구를 사귀다
thanks for ~에 대해 감사하다

해석

8) I want to make new friends. 새로운 친구를 사귀고 싶어요
I came here to make good friends. 나는 좋은 친구들을 사귀려고 여기에 왔어요.
I want to get to know more about you. 여러분들을 더 잘 알게 되기를 바랍니다.
I want to get along well with you. 여러분들과 잘 지내고 싶어요.

9) What is your favorite book that you have ever read?
읽었던 책 중에서 가장 좋아하는 책이 무엇 이예요?
What is your favorite book that you have ever read?
보았던 영화 중에서 가장 좋아하는 영화는 무엇 이예요?

10) My favorite book that I have ever read is 'Crime and Punishment.'
내가 읽었던 책들 중에서 가장 좋아하는 책은 '죄와 벌' 입니다.

Chapter 04　발음기호 문장과 알파벳 문장

1)
천천히 정확히 2~3회 소리 내어 읽습니다.

'tʃəlmin intrə'dju:siz him'self in ə 'mi:tiŋ.
hel'ou 'evriwʌn! let mi: intrə'dju:s mai'self
tu: ju:. mai neim iz 'tʃəlmin.
ai wəz bɔ:rn in Bu:san, bʌt ai gru: ʌp
in soul.
mai 'fæməli mu:vd tu: soul wen ai wəz
iˈlevən 'jiərz ould.
nau ai liv in soul wið mai 'peərənts.
mai 'grænpeərənts stil liv in Busan.

※ 천천히 정확히 2~3회 소리 내어 읽기를 마쳤으면 다음으로 진도를 나갑니다.

내용을 음미하며 정확하게 그러나 편한 속도로 2~3회 소리 내어 읽습니다.

Chulmin introduces himself in a meeting.
ˈtʃəlmin intrəˈdju:siz himˈself in ə ˈmi:tiŋ.

Hello everyone! Let me introduce myself to you.
helˈou ˈevriwʌn! let mi: intrəˈdju:s maiˈself tu: ju:.

My name is Chulmin.
mai neim iz ˈtʃəlmin.

I was born in Busan, but I grew up in Seoul.
ai wəz bɔ:rn in Bu:san, bʌt ai gru: ʌp in soul.

My family moved to Seoul when I was eleven years old.
mai ˈfæməli mu:vd tu: soul wen ai wəz iˈlevən ˈjiərz ould.

Now I live in Seoul with my parents.
nau ai liv in soul wið mai ˈpeərənts.

My grandparents still live in Busan.
mai ˈgrænpeərənts stil liv in Busan.

※ 정확한 발음으로 그러나 편한 속도로 2~3회 소리 내어 읽었으면 한 단락만 딱 한 번만 집중하여 듣고 듣기 점검표에 체크를 합니다. 만약 다다보가 됐다면 그 단락의 오디오는 듣고 싶을 때 반복해서 들어도 됩니다. 틈나는 대로 많이 들을수록 좋고 집중해서 들으면 더 좋습니다.

그러나 다다보가 되지 않으면 여기서 딱 한 번만 듣고 이 교재에서 다시 들으라고 할 때까지는 다시 들으면 절대로 안 됩니다. 다음으로 진도를 나갑니다.

2)
천천히 정확히 2~3회 소리 내어 읽습니다.

æz ju: kæn si:, ai æm ə bɔi.
ˈjestərdei ai hæd mai heər kʌt
ænd bɔ:t nju: klouz fɔ:r ðis ˈmi:tiŋ.
ai æm ˈweəriŋ nju: klouz ðæt ai bɔ:t
ˈjestərdei. hau du: ai luk?
wa:t? du: ai luk laik ə gə:rl?
ai houp its ə dʒouk.
wa:t? did ju: sei ai æm əˈ hænsəm bɔi?

※ 천천히 정확히 2~3회 소리 내어 읽기를 마쳤으면 다음으로 진도를 나갑니다.

내용을 음미하며 <u>정확하게 그러나 편한 속도로</u> 2~3회 <u>소리 내어</u> 읽습니다.

As you can see, I am a boy.
æz ju: kæn si:, ai æm ə bɔi.

Yesterday I had my hair cut
ˈjestərdei ai hæd mai heər kʌt

and bought new clothes for this meeting.
ænd bɔ:t nju: klouz fɔ:r ðis ˈmi:tiŋ.

I am wearing new clothes that I bought yesterday.
ai æm ˈweəriŋ nju: klouz ðæt ai bɔ:t ˈjestərdei.

How do I look?
hau du: ai luk?

What? Do I look like a girl?
wa:t? du: ai luk laik ə gə:rl?

I hope it's a joke.
ai houp its ə dʒouk.

What? Did you say I am a handsome boy?
wa:t? did ju: sei ai æm əˈ hænsəm bɔi?

※ <u>정확한 발음으로 그러나 편한 속도로</u> 2~3회 소리 내어 읽었으면 <u>한 단락만 딱 한 번만</u> 집중하여 듣고 듣기 점검표에 체크를 합니다. 만약 다다보가 됐다면 그 단락의 오디오는 듣고 싶을 때 반복해서 들어도 됩니다. 틈나는 대로 많이 들을수록 좋고 집중해서 들으면 더 좋습니다.

그러나 <u>다다보</u>가 되지 않으면 여기서 <u>딱 한 번만</u> 듣고 이 교재에서 다시 들으라고 할 때까지는 <u>다시 들으면 절대로 안</u> 됩니다. 다음으로 진도를 나갑니다.

Chapter 04

3)

천천히 정확히 2~3회 소리 내어 읽습니다.

θæŋk ju: sou mʌtʃ fɔ:r ðə ˈka:mpləmənt.
ai θiŋk aim na:t ən ˈʌgli ˈpə:rsn.
bʌt, ai nou ai æm na:t ə ˈhænsəm gai.
θæŋk ju: fɔ:r ˈjuər ˈka:mpləmənt ˈeniwei.

※ 천천히 정확히 2~3회 소리 내어 읽기를 마쳤으면 다음으로 진도를 나갑니다.

내용을 음미하며 정확하게 그러나 편한 속도로 2~3회 소리 내어 읽습니다.

Thank you so much for the compliment.
θæŋk ju: sou mʌtʃ fɔ:r ðə ˈka:mpləmənt.

I think I'm not an ugly person.
ai θiŋk aim na:t ən ˈʌgli ˈpə:rsn.

But, I know I am not a handsome guy.
bʌt, ai nou ai æm na:t ə ˈhænsəm gai.

Thank you for your compliment anyway.
θæŋk ju: fɔ:r ˈjuər ˈka:mpləmənt ˈeniwei.

※ 정확한 발음으로 그러나 편한 속도로 2~3회 소리 내어 읽었으면 한 단락만 딱 한 번만 집중하여 듣고 듣기 점검표에 체크를 합니다. 만약 다다보가 됐다면 그 단락의 오디오는 듣고 싶을 때 반복해서 들어도 됩니다. 틈나는 대로 많이 들을수록 좋고 집중해서 들으면 더 좋습니다.

그러나 다다보가 되지 않으면 여기서 딱 한 번만 듣고 이 교재에서 다시 들으라고 할 때까지는 다시 들으면 절대로 안 됩니다. 다음으로 진도를 나갑니다.

4)
천천히 정확히 2~3회 소리 내어 읽습니다.

hau ould du: ai luk? hæv ə ges!
ˈmeni ˈpi:pl sei ðæt ai luk jʌŋ fɔ:r mai eidʒ.
ˈmeibi ju: θiŋk ai æm ə ˈmidl sku:l ˈstu:dənt.
bʌt, ai æm ə hai sku:l ˈstu:dənt.
ænd aim eiˈti:n ˈjiərz ould.

※ 천천히 정확히 2~3회 소리 내어 읽기를 마쳤으면 다음으로 진도를 나갑니다.

내용을 음미하며 정확하게 그러나 편한 속도로 2~3회 소리 내어 읽습니다.

How old do I look? Have a guess!
hau ould du: ai luk?　hæv ə ges!

Many people say that I look young for my age.
ˈmeni ˈpi:pl　sei ðæt ai luk jʌŋ　fɔ:r mai eidʒ.

Maybe you think I am a middle school student.
ˈmeibi ju: θiŋk ai æm ə ˈmidl sku:l ˈstu:dənt.

But, I am a high school student.
bʌt, ai æm ə hai sku:l ˈstu:dənt.

And I'm eighteen years old.
ænd aim eiˈti:n ˈjiərz ould.

※ 정확한 발음으로 그러나 편한 속도로 2~3회 소리 내어 읽었으면 한 단락만 딱 한 번만 집중하여 듣고 듣기 점검표에 체크를 합니다. 만약 다다보가 됐다면 그 단락의 오디오는 듣고 싶을 때 반복해서 들어도 됩니다. 틈나는 대로 많이 들을수록 좋고 집중해서 들으면 더 좋습니다.

그러나 다다보가 되지 않으면 여기서 딱 한 번만 듣고 이 교재에서 다시 들으라고 할 때까지는 다시 들으면 절대로 안 됩니다. 다음으로 진도를 나갑니다.

5)
천천히 정확히 2~3회 소리 내어 읽습니다.

ai æm gud æt spɔ:rts. ai plei ˈbæskitbɔ:l
wel ænd ai plei ˈsa:kər wel, tu:.
bʌt ai æm na:t gud æt ˈmju:zik.
ai æm na:t ə gud ˈsiŋər.
ai kænt plei ðə piˈænou ænd ai kænt
plei ðə giˈta:r, ˈi:ðər. ðeər iz nou
ˈmju:zikəl ˈinstrəmənt ðæt ai kæn plei wel.

※ 천천히 정확히 2~3회 소리 내어 읽기를 마쳤으면 다음으로 진도를 나갑니다.

내용을 음미하며 정확하게 그러나 편한 속도로 2~3회 소리 내어 읽습니다.

I am good at sports.
ai æm gud æt spɔ:rts.

I play basketball well and I play soccer well, too.
ai plei ˈbæskitbɔ:l wel ænd ai plei ˈsa:kər wel, tu:.

But I am not good at music.
bʌt ai æm na:t gud æt ˈmju:zik.

I am not a good singer.
ai æm na:t ə gud ˈsiŋər.

I can't play the piano and I can't play the guitar, either.
ai kænt plei ðə piˈænou ænd ai kænt plei ðə giˈta:r, ˈi:ðər.

There is no musical instrument that I can play well.
ðeər iz nou ˈmju:zikəl ˈinstrəmənt ðæt ai kæn plei wel.

※ 정확한 발음으로 그러나 편한 속도로 2~3회 소리 내어 읽었으면 한 단락만 딱 한 번만 집중하여 듣고 듣기 점검표에 체크를 합니다. 만약 다다보가 됐다면 그 단락의 오디오는 듣고 싶을 때 반복해서 들어도 됩니다. 틈나는 대로 많이 들을수록 좋고 집중해서 들으면 더 좋습니다.

그러나 다다보가 되지 않으면 여기서 딱 한 번만 듣고 이 교재에서 다시 들으라고 할 때까지는 다시 들으면 절대로 안 됩니다. 다음으로 진도를 나갑니다.

6)
천천히 정확히 2~3회 소리 내어 읽습니다.

wen ai wəz ə tʃaild, mai ˈpeərənts ˈwɔːntid miː tuː ləːrn tuː plei ə ˈmjuːzikəl ˈinstrəmənt. bʌt ai njuː ðæt ai hæd nou ˈtælənt fɔːr ˈmjuːzik. sou, ai didnt ləːrn tuː plei ə ˈmjuːzikəl ˈinstrəmənt.

※ 천천히 정확히 2~3회 소리 내어 읽기를 마쳤으면 다음으로 진도를 나갑니다.

내용을 음미하며 정확하게 그러나 편한 속도로 2~3회 소리 내어 읽습니다.

When I was a child, my parents wanted me to
wen ai wəz ə tʃaild, mai ˈpeərənts ˈwɔ:ntid mi: tu:

learn to play a musical instrument.
lə:rn tu: plei ə ˈmju:zikəl ˈinstrəmənt.

But I knew that I had no talent for music.
bʌt ai nju: ðæt ai hæd nou ˈtælənt fɔ:r ˈmju:zik.

So, I didn't learn to play a musical instrument.
sou, ai didnt lə:rn tu: plei ə ˈmju:zikəl ˈinstrəmənt.

※ 정확한 발음으로 그러나 편한 속도로 2~3회 소리 내어 읽었으면 한 단락만 딱 한 번만 집중하여 듣고 듣기 점검표에 체크를 합니다. 만약 다다보가 됐다면 그 단락의 오디오는 듣고 싶을 때 반복해서 들어도 됩니다. 틈나는 대로 많이 들을수록 좋고 집중해서 들으면 더 좋습니다.

그러나 다다보가 되지 않으면 여기서 딱 한 번만 듣고 이 교재에서 다시 들으라고 할 때까지는 다시 들으면 절대로 안 됩니다. 다음으로 진도를 나갑니다.

7)
천천히 정확히 2~3회 소리 내어 읽습니다.

mai ˈhaːbiz aːr ˈriːdiŋ buks ænd ˈwaːtʃiŋ
ˈmuːviz. ai hæv nou ˈtælənt fɔːr ˈmjuːzik
bʌt ai laik tuː ˈlisn tuː ˈmjuːzik.
ænd ai laik tuː dæns tuː ˈmjuːzik, tuː
ai dount tɔːk ˈveri wel bʌt ai æm ə gud
ˈlisnər.
ai ˈɔːlweiz trai tuː ˈlisn tuː ˈʌðərz ˈkeərfəli.

※ 천천히 정확히 2~3회 소리 내어 읽기를 마쳤으면 다음으로 진도를 나갑니다.

내용을 음미하며 정확하게 그러나 편한 속도로 2~3회 소리 내어 읽습니다.

My hobbies are reading books and watching movies.
mai ˈhaːbiz aːr ˈriːdiŋ buks ænd ˈwaːtʃiŋ ˈmuːviz.

I have no talent for music but I like to listen to music.
ai hæv nou ˈtælənt fɔːr ˈmjuːzik bʌt ai laik tuː ˈlisn tuː ˈmjuːzik.

And I like to dance to music, too.
ænd ai laik tuː dæns tuː ˈmjuːzik, tuː

I don't talk very well but I am a good listener.
ai dount tɔːk ˈveri wel bʌt ai æm ə gud ˈlisnər.

I always try to listen to others carefully.
ai ˈɔːlweiz trai tuː ˈlisn tuː ˈʌðərz ˈkeərfəli.

※ 정확한 발음으로 그러나 편한 속도로 2~3회 소리 내어 읽었으면 한 단락만 딱 한 번만 집중하여 듣고 듣기 점검표에 체크를 합니다. 만약 다다보가 됐다면 그 단락의 오디오는 듣고 싶을 때 반복해서 들어도 됩니다. 틈나는 대로 많이 들을수록 좋고 집중해서 들으면 더 좋습니다.

그러나 다다보가 되지 않으면 여기서 딱 한 번만 듣고 이 교재에서 다시 들으라고 할 때까지는 다시 들으면 절대로 안 됩니다. 다음으로 진도를 나갑니다.

8)
천천히 정확히 2~3회 소리 내어 읽습니다.

ai wɔ:nt tu: meik nju: frendz.

ai keim 'hiər tu: meik gud frendz.

ai wɔ:nt tu: get tu: nou mɔ:r ə'baut ju:.

ai wɔ:nt tu: get ə'lɔ:ŋ wel wið ju:.

θæŋks fɔ:r 'lisniŋ tu: mi:.

du: ju: hæv 'eni 'kwestʃənz?

※ 천천히 정확히 2~3회 소리 내어 읽기를 마쳤으면 다음으로 진도를 나갑니다.

내용을 음미하며 정확하게 그러나 편한 속도로 2~3회 소리 내어 읽습니다.

I want to make new friends.
ai wɔ:nt tu: meik nju: frendz.

I came here to make good friends.
ai keim 'hiər tu: meik gud frendz.

I want to get to know more about you.
ai wɔ:nt tu: get tu: nou mɔ:r ə'baut ju:.

I want to get along well with you.
ai wɔ:nt tu: get ə'lɔ:ŋ wel wið ju:.

Thanks for listening to me.
θæŋks fɔ:r 'lisniŋ tu: mi:.

Do you have any questions?
du: ju: hæv 'eni 'kwestʃənz?

※ 정확한 발음으로 그러나 편한 속도로 2~3회 소리 내어 읽었으면 한 단락만 딱 한 번만 집중하여 듣고 듣기 점검표에 체크를 합니다. 만약 다다보가 됐다면 그 단락의 오디오는 듣고 싶을 때 반복해서 들어도 됩니다. 틈나는 대로 많이 들을수록 좋고 집중해서 들으면 더 좋습니다.

그러나 다다보가 되지 않으면 여기서 딱 한 번만 듣고 이 교재에서 다시 들으라고 할 때까지는 다시 들으면 절대로 안 됩니다. 다음으로 진도를 나갑니다.

9)
천천히 정확히 2~3회 소리 내어 읽습니다.

"hau ˈmeni ˈbrʌðərz ænd ˈsistərz duː juː hæv?"
θæŋk juː fɔːr æskiŋ.
ai dount hæv ˈeni ˈbrʌðərz ɔːr ˈsistərz.
ai æm ən ˈounli tʃaild."
"waːt iz ˈjuər ˈfeivərit buk ðæt juː hæv
ˈevər red ænd waːt iz ˈjuər ˈfeivərit ˈmuːvi
ðæt juː hæv ˈevər siːn?"

※ 천천히 정확히 2~3회 소리 내어 읽기를 마쳤으면 다음으로 진도를 나갑니다.

내용을 음미하며 정확하게 그러나 편한 속도로 2~3회 소리 내어 읽습니다.

"How many brothers and sisters do you have?"
"hau ˈmeni ˈbrʌðərz ænd ˈsistərz du: ju: hæv?"

"Thank you for asking.
"θæŋk ju: fɔ:r æskiŋ.

I don't have any brothers or sisters.
ai dount hæv ˈeni ˈbrʌðərz ɔ:r ˈsistərz.

I am an only child."
ai æm ən ˈounli tʃaild."

"What is your favorite book that you have ever read?
"wa:t iz ˈjuər ˈfeivərit buk ðæt ju: hæv ˈevər red

And what is your favorite movie that you have ever seen?"
ænd wa:t iz ˈjuər ˈfeivərit ˈmu:vi ðæt ju: hæv ˈevər si:n?"

※ 정확한 발음으로 그러나 편한 속도로 2~3회 소리 내어 읽었으면 한 단락만 딱 한 번만 집중하여 듣고 듣기 점검표에 체크를 합니다. 만약 다다보가 됐다면 그 단락의 오디오는 듣고 싶을 때 반복해서 들어도 됩니다. 틈나는 대로 많이 들을수록 좋고 집중해서 들으면 더 좋습니다.

그러나 다다보가 되지 않으면 여기서 딱 한 번만 듣고 이 교재에서 다시 들으라고 할 때까지는 다시 들으면 절대로 안 됩니다. 다음으로 진도를 나갑니다.

10)
천천히 정확히 2~3회 소리 내어 읽습니다.

θæŋk ju: fɔ:r æskiŋ.
mai ˈfeivərit buk ðæt ai hæv ˈevər red iz
kraim ænd ˈpʌniʃmənt.
ænd mai ˈfeivərit ˈmu:vi ðæt ai hæv ˈevər si:n
iz ded ˈpouits səˈsaiəti.

※ 천천히 정확히 2~3회 소리 내어 읽기를 마쳤으면 다음으로 진도를 나갑니다.

내용을 음미하며 정확하게 그러나 편한 속도로 2~3회 소리 내어 읽습니다.

"Thank you for asking.
"θæŋk ju: fɔ:r æskiŋ.

My favorite book that I have ever read is
mai ˈfeivərit buk ðæt ai hæv ˈevər red iz

'Crime and Punishment.'
kraim ænd ˈpʌniʃmənt.

And My favorite movie that I have ever seen is
ænd mai ˈfeivərit ˈmu:vi ðæt ai hæv ˈevər si:n iz

'Dead Poets Society.'
ded ˈpouits səˈsaiəti.

※ 정확한 발음으로 그러나 편한 속도로 2~3회 소리 내어 읽었으면 한 단락만 딱 한 번만 집중하여 듣고 듣기 점검표에 체크를 합니다. 만약 다다보가 됐다면 그 단락의 오디오는 듣고 싶을 때 반복해서 들어도 됩니다. 틈나는 대로 많이 들을수록 좋고 집중해서 들으면 더 좋습니다.

그러나 다다보가 되지 않으면 여기서 딱 한 번만 듣고 이 교재에서 다시 들으라고 할 때까지는 다시 들으면 절대로 안 됩니다. 다음으로 진도를 나갑니다.

◆ 여기까지 오느라 수고 하셨습니다. 자기에게 해당되는 학습프로그램을 선택하여 학습하시기 바랍니다.

1. 여기까지의 모든 챕터 모든 단락이 다다보(소리가 다 들리고 내용이 다 이해되고 속도가 보통으로 느껴짐)가 된 분은 챕터 1부터 아래의 프로그램으로 학습을 한 후에 챕터5로 진도를 나갑니다.

1) 챕터 전체를 정확히 발음하며 자신에게 편한 속도로 내용을 음미하며 2회 소리 내어 읽습니다. 이때 발음과 악센트에 자신이 있은 분은 알파벳으로만 된 문장을 읽으셔도 되지만 발음과 악센트에 자신이 없는 분들은 반드시 알파벳과 발음기호로 된 문장을 보고 읽으시기 바랍니다.

2) 챕터 전체를 정확히 발음하며 자신이 낼 수 있는 가장 빠른 속도로 2회 소리 내어 읽습니다. 이 때 발음과 악센트에 자신이 있은 분은 알파벳으로만 된 문장을 읽으셔도 되지만 발음과 악센트에 자신이 없는 분들은 반드시 알파벳과 발음기호로 된 문장을 보고 읽으시기 바랍니다.

3) 챕터 전체를 집중하여 1번 듣고 다음 챕터로 진도를 나갑니다. 설사 100% 깔끔하게 안 들리는 곳이 있어도 이 것으로 이 챕터의 학습을 마치고 진도를 계속 나갑니다.

2. 여기까지 모든 단락이 다다보 (소리가 다 들리고 내용이 다 이해되고 속도가 보통으로 느껴짐)가 되지는 않은 분은 처음으로 돌아가서 다다보가 되지 않은 단락들 모두를 다음의 학습 프로그램에 따라서 학습을 마치고 챕터5로 진도를 나갑니다.

1. 챕터 전체 학습

(1) 챕터 전체 1회 듣기

챕터 전체 오디오를 먼저 딱 한 번만 듣고 듣기 점검표에 체크를 합니다.

(2) 챕터 전체 1~3회 독해

알파벳으로만 된 영어 문장을 내용을 이해하면서 소리는 내지 않고 눈으로만 챕터 전체를 끝까지 읽습니다. 한국어로 해석하든 영어 그대로 이해하든 상관없이 내용을 음미하며 읽으면 됩니다. 충분히 이해되지 않는 분은 내용이 충분히 이해될 때까지 1~2회 정도 소리는 내지 않고 눈으로만 다시 읽으며 모르는 단어나 숙어를 익힌 후에 다음 페이지로 가서 단락별 학습을 합니다.

2. 단락별 학습

(1) 발음기호로만 된 문장

천천히 정확히 1~2회 소리 내어 읽습니다. (2회까지만 읽습니다.)

(2) 알파벳과 발음기호로 된 문장

내용을 음미하며 정확한 발음으로 그러나 자신에게 편안한 속도로 3~4회 소리 내어 읽습니다. (반드시 3회 이상 읽어야 하고 한 번에 4회를 넘지는 않아야 합니다.)

(3) 듣기 1회

한 단락을 딱 한 번만 집중하여 듣고 듣기 점검표에 체크를 합니다.

(딱 한 번만 들어야 합니다. 안 들린다고 한 번 더 들으면 그 단락의 소리는 좀 더 들릴지는 몰라도 음원의 양이 1시간 밖에 안 되는 이 듣기 교재 두 권만 가지고는 100% 영어 귀뚫기를 달성할 수 없을 것이며 추가로 최소한 5권의 교재가 더 필요할지도 모릅니다.)

(4) 다음 단락으로 진도 혹은 5회까지 반복

그 단락을 딱 한 번 들었는데

① 다다보 (소리가 다 들리고 내용이 다 이해되고 속도가 보통으로 느껴짐)가 되면 다음 단락으로 진도를 나갑니다.

② 다다보(소리가 다 들리고 내용이 다 이해되고 속도가 보통으로 느껴짐)가 되지 않으면 다다보(소리가 다 들리고 내용이 다 이해되고 속도가 보통으로 느껴짐)가 될 때까지 그 단락을 위의 프로그램에 따라서 (1) 발음기호로만 된 문장 1~2회 소리 내어 읽기 → (2) 알파벳과 발음기호로 된 문장 3~4회 소리 내어 읽기 → (3) 집중해서 듣기 1회 후 점검표에 체크하기를 반복합니다.

③ 한 단락을 5차례 반복연습을 해도 다다보(소리가 다 들리고 내용이 다 이해되고 속도가 보통으로 느껴짐)가 되지 않으면 그 단락은 일단 통과 한 후 듣기 교재 두 권을 모두 마친 후에 다시 돌아와서 학습을 하면 아주 빠른 속도로 해결될 것입니다.

3. 챕터 전체 반복 학습

한 챕터의 단락별 학습이 끝나면 챕터 전체를 반복하여 학습합니다.

(1) 눈으로만 읽기

알파벳으로만 된 문장을 내용을 이해하면서 소리는 내지 않고 눈으로만 챕터 끝까지 1~2회 읽습니다.

(2) 소리 내어 읽기

① 챕터 전체를 정확히 발음하며 자신에게 편한 속도로 내용을 음미하며 2회 소리 내어 읽습니다. 이 때 발음과 악센트에 자신이 있은 분은 알파벳으로만 된 문장을 읽으셔도 되지만 발음과 악센트에 자신이 없는 분들은 반드시 알파벳과 발음기호로 된 문장을 보고 읽으시기 바랍니다.

② 챕터 전체를 정확히 발음하며 자신이 낼 수 있는 가장 빠른 속도로 2회 소리 내어 읽습니다. 이 때 발음과 악센트에 자신이 있은 분은 알파벳으로만 된 문장을 읽으셔도 되지만 발음과 악센트에 자신이 없는 분들은 반드시 알파벳과 발음기호로 된 문장을 보고 읽으시기 바랍니다.

③ 챕터 전체를 집중하여 1번 듣고 다음 챕터로 진도를 나갑니다. 설사 100% 깔끔하게 안 들리는 곳이 있어도 이 것으로 이 챕터의 학습을 마치고 진도를 계속 나갑니다.

100% 깔끔하게 안 들리는 곳들은 듣기 교재 두 권을 모두 마친 후에 다시 돌아와서 이 프로그램에 따라서 학습을 하면 아주 빠른 속도로 해결될 것입니다.

※ 프로그램 요약

1. 챕터 전체
(1) 챕터 전체 1회 듣고 점검표에 체크하기
(2) 챕터 전체 1~3회 독해하기

2. 단락별(5 회까지만 반복)
(1) 발음기호로만 된 문장 : 1~2회 소리 내어 읽기
(2) 알파벳과 발음기호로 된 문장 : 3~4회 소리 내어 읽기
(3) 딱 한 번만 듣고 듣기 점검표에 체크하기
(4) 그 단락을 딱 한 번 들었는데
 ① 다다보가 되면 다음 단락으로 진도 나가기
 ② 다다보가 되지 않으면 다다보가 될 때까지 위의 (1) → (2) → (3)을 반복
 ③ 5차례 반복연습을 해도 다다보가 되지 않으면 그 단락은 일단 통과

3. 챕터 전체 반복
챕터 전체 독해 1~2회 → 챕터 전체 편하게 소리 내어 읽기 2회 → 챕터 전체 빠르게 소리 내어 읽기 2회 → 챕터 전체 1회 듣기 → 다음 챕터로

※ 다다보가 된 단락의 오디오들은 듣고 싶을 때 아무 때나 아무런 방식으로든 반복해서 들어도 됩니다. 틈나는 대로 많이 들을수록 좋고 집중해서 들으면 더 좋습니다. 그러나 다다보가 안된 단락은 이 교재에서 다시 들으라고 할 때까지 다시 들으면 절대로 안 됩니다.

◆ 여기까지 오느라 정말 수고 하셨습니다. 찬사와 격려의 박수를 보냅니다.

이제 여러분은 자연의 이치에도 맞고 언어습득원리에 따른 잘 듣고 잘 읽는 '듣고 읽기 언어 학습'의 기초가 아주 튼튼히 닦였습니다.

이제부터는 지금까지 보다 디 빠르게 듣기 능력과 발음 능력이 향상될 것이며 이 교재 두 권을 모두 마치면 스피킹 능력마저도 보너스로 얻게 될 것입니다. 다만 단어 실력이 너무 낮거나 나이가 조금 많으신 분들은 10대나 20대보다 시간이 조금 더 걸릴 것입니다.

이제부터 이 책의 끝까지 모든 챕터를 아래의 프로그램으로 학습하시면 됩니다.

1. 챕터 전체 학습

(1) 챕터 전체 1회 듣기

본문을 읽기 전에 챕터 전체 오디오를 먼저 딱 한 번만 듣고 듣기 점검표에 체크를 합니다.

(2) 챕터 전체 1~4회 독해

알파벳으로만 된 영어 문장을 내용을 이해하면서 소리는 내지 않고 눈으로만 챕터 전체를 끝까지 읽습니다. 한국어로 해석하든 영어 그대로 이해하든 상관없이 내용을 음미하며 읽으면 됩니다.

충분히 이해되지 않는 분은 내용이 충분히 이해될 때까지 1~3회 정도 소리는 내지 않고 눈으로만 다시 읽으며 모르는 단어나 숙어를 익힌 후에 다음 페이지로 가서 단락별 학습을 합니다.

2. 단락별 학습

(1) 발음기호로만 된 문장

천천히 정확히 2~3회 소리 내어 읽습니다.
(반드시 2회 이상 읽어야 하고 한 번에 3회를 넘지는 않아야 합니다.)

(2) 알파벳과 발음기호로 된 문장

내용을 음미하며 정확한 발음으로 그러나 자신에게 편안한 속도로 2~3회 소리 내어 읽습니다. (반드시 2회 이상 읽어야 하고 한 번에 3회를 넘지는 않아야 합니다.)

(3) 듣기 1회

한 단락을 딱 한 번만 집중하여 듣고 듣기 점검표에 체크를 합니다.

(딱 한 번만 들어야 합니다. 안 들린다고 한 번 더 들으면 그 단락의 소리는 좀 더 들릴지는 몰라도 음원의 양이 1시간 밖에 안 되는 이 듣기 교재 두 권만 가지고는 100% 영어 귀뚫기를 달성할 수 없을 것이며 추가로 최소한 5권의 교재가 더 필요할지도 모릅니다.)

(4) 다음 단락으로 진도 혹은 5회까지 반복

그 단락을 딱 한 번 들었는데

① 다다보(소리가 다 들리고 내용이 다 이해되고 속도가 보통으로 느껴짐)가 되면 다음 단락으로 진도를 나갑니다.

② 다다보(소리가 다 들리고 내용이 다 이해되고 속도가 보통으로 느껴짐)가 되지 않으면 다다보(소리가 다 들리고 내용이 다 이해되고 속도가 보통으로 느껴짐)가 될 때까지 그 단락을 위의 프로그램에 따라서 (1) 발음기호로만 된 문장 2~3회 소리 내어 읽기 → (2) 알파벳과 발음기호로 된 문장 2~3회 소리 내어 읽기 → (3) 집중해서 듣기 1회 후 점검표에 체크하기를 반복합니다.

③ 한 단락을 5차례 반복연습을 해도 다다보(소리가 다 들리고 내용이 다 이해되고 속도가 보통으로 느껴짐)가 되지 않으면 그 단락은 일단 통과 한 후 듣기 교재 두 권을 모두 마친 후에 다시 돌아와서 학습을 하면 아주 빠른 속도로 해결될 것입니다.

3. 챕터 전체 반복 학습

한 챕터의 단락별 학습이 끝나면 챕터 전체를 반복하여 학습합니다.

(1) 눈으로만 읽기

알파벳으로만 된 문장을 내용을 이해하면서 소리는 내지 않고 눈으로만 챕터 끝까지 1~2회 읽습니다.

(2) 소리 내어 읽기

① 챕터 전체를 정확히 발음하며 자신에게 편한 속도로 내용을 음미하며 2회 소리 내어 읽습니다. 이 때 발음과 악센트에 자신이 있는 분은 알파벳으로만 된 문장을 읽으셔도 되지만 발음과 악센트에 자신이 없는 분들은 반드시 알파벳과 발음기호로 된 문장을 보고 읽으시기 바랍니다.

② 챕터 전체를 정확히 발음하며 자신이 낼 수 있는 가장 빠른 속도로 2회 소리 내어 읽습니다. 이 때 발음과 악센트에 자신이 있는 분은 알파벳으로만 된 문장을 읽으셔도 되지만 발음과 악센트에 자신이 없는 분들은 반드시 알파벳과 발음기호로 된 문장을 보고 읽으시기 바랍니다.

③ 챕터 전체를 집중하여 1번 듣고 다음 챕터로 진도를 나갑니다. 설사 100% 깔끔하게 안 들리는 곳이 있어도 이 것으로 이 챕터의 학습을 마치고 진도를 계속 나갑니다.

100% 깔끔하게 안 들리는 곳들은 듣기 교재 두 권을 모두 마친 후에 다시 돌아와서 이 프로그램에 따라서 학습을 하면 아주 빠른 속도로 해결될 것입니다.

※ 프로그램 요약

1. 챕터 전체
(1) 챕터 전체 1회 듣고 점검표에 체크하기
(2) 챕터 전체 1~4회 독해하기

2. 단락별 학습
(1) 발음기호로만 된 문장 : 2~3회 소리 내어 읽기
(2) 알파벳과 발음기호로 된 문장 : 2~3회 소리 내어 읽기
(3) 딱 한 번만 듣고 듣기 점검표에 체크하기
(4) 그 단락을 딱 한 번 들었는데
① 다다보가 되면 다음 단락으로 진도 나가기
② 다다보가 되지 않으면 다다보가 될 때까지 위의 (1) → (2) → (3)을 반복
③ 5차례 반복연습을 해도 다다보가 되지 않으면 그 단락은 일단 통과

3. 챕터 전체 반복
챕터 전체 독해 1~2회 → 챕터 전체 편하게 소리 내어 읽기 2회 → 챕터 전체 빠르게 소리 내어 읽기 2회 → 챕터 전체 1회 듣기 → 다음 챕터로

※ 소리가 다 들리고 내용이 다 이해되고 속도가 보통(다다보)로 느껴지는 단락의 오디오들은 듣고 싶을 때 아무 때나 아무런 방식으로든 반복해서 들어도 됩니다. 틈나는 대로 많이 들을수록 좋고 집중해서 들으면 더 좋습니다.

그러나 소리가 다 들리고 내용이 다 이해되고 속도가 보통(다다보)로 느껴지지 않으면 이 교재에서 다시 들으라고 할 때까지 다시 들으면 절대로 안 됩니다. 방법을 바꾸어서 학습한다면 그 학습 결과는 참담할 것입니다. 왜 꼭 그래야 하는지 이론적으로 궁금하신 분은 《JHO 100시간 영어 시리즈 ① 학습법》을 참고로 읽어 보시기 바랍니다.

1)

I had studied English for ten years since middle school. But I had never understood English well. I had never spoken English fluently. I had never read English well. I had never written English well. But I had received good grades on English tests.

2)

After university I didn't study English at all. I decided to study English three years ago. I started to study English again. I studied English really hard every day. But I could not speak English fluently.

3)

I started to study English three years ago. I have been studying English for three years. But I have never understood English well. I have been studying English for three years. But I have never spoken English fluently. I have never read English well. And I have never written English well, either.

단어, 숙어

decide [diˈsaid] 결정하다, 결심하다
either [ˈiːðər] 각각 / ~도
fluently [ˈfluːəntli] 술술, 유창하게
grade [greid] 성적, 등급
middle [ˈmidl] 중앙의, 한복판의
never [ˈnevər] 결코 ~이 아니다
read [riːd] /read [red] /read [red] 읽다
receive [riˈsiːv] 받다
since [sins] ~이후로
speak [spiːk] 말하다, 이야기하다
speak [spiːk] / spoke [spouk] / spoken [spoukn] 이야기하다
start [staːrt] 시작하다, 출발하다
ten [ten] 열, 10
three [θriː] 셋, 3
understand [ʌndərˈstænd] / understood [ʌndərˈstud] / understood [ʌndərˈstud] 이해하다
university [juːniˈvəːrsəti] 대학교, 종합대학
write [rait] / wrote [rout] / written [writn] 쓰다, 작문하다

decide to ~하기로 결심하다, ~하기로 결정하다
didn't = did not 하지 못했다
English tests 영어 시험
for ten years 10년 동안
for three years 3년 동안
had never spoken fluently 결코 유창하게 말해본 적이 없었다
had never understood well 결코 잘 이해해본 적이 없었다
have been studying 쭉 공부를 해왔었다
have never read well 결코 잘 읽어 본 적이 없다
have never spoken fluently 결코 유창하게 말해본 적이 없다
not~ at all 전혀 ~이 아니다
receive a good grade 좋은 성적을 받다
receive good grades 좋은 성적들을 받다
start to ~하기 시작하다

해석

1) I had studied English for ten years since middle school.
나는 중학교 이후로 10년 동안 영어공부를 해왔었다.
But I had never understood English well. 그러나 나는 영어를 잘 이해해 적이 없다.
But I had received good grades on English tests. 그러나 영어시험에서는 좋은 점수를 받았다.

2) After university I didn't study English at all. 대학을 졸업한 후로 나는 영어 공부를 전혀 하지 않았다.
I decided to study English three years ago. 나는 3년 전에 영어 공부를 하기로 결정했다.

3) I have been studying English for three years. 나는 3년 동안 영어 공부를 쭉 해왔었다.

4)

I have recently found the best way to master English. So I study harder to master English. I study English every day. I listen to English every day. I read English every day. I write English every day.

5)

Now I am studying English in the library. I am reading an English book in the library. I am listening to English. I am writing an English essay in the library. I am going to study in the library until late at night.

6)

I will study hard until I can understand English well. I will study hard until I can speak English fluently. I will study hard until I can read English well. Now I know the best way to master English. So I don't think it will take a long time to master English.

단어, 숙어

best [best] 최고의, 가장 좋은
good [gud] < better [ˈbetər] <
best [best]
essay [ˈesei] (학교의) 작문 숙제, 에세이
find [faind] / found [faund] / found
[faund] 발견하다
harder [ˈhardər] 더 열심히
late [leit] 늦은, 지각한
library [ˈlaibreri] 도서관
listen [ˈlisn] 듣다, 경청하다
listen [ˈlisn] 듣다, 경청하다
master [ˈmæstər] 통달하다, 마스터하다
recently [ˈriːsntli] 최근에
speak [spiːk] 말하다, 이야기하다
understand [ʌndərˈstænd] 이해하다, 알다
until [ənˈtil] ~할 때까지, ~까지

have recently found 최근에 발견하였다
in the library 도서관에서
listen to 주의깊게 듣다, 경청하다
the best way 최고의 방법
the best way to ~하는 최고의 방법
the best way to master English
영어를 마스터 하는 최고의 방법
until late at night 밤 늦게까지

해석

4) I have recently found the best way to master English.
나는 최근에 영어를 마스터하는 최고의 방법을 찾았다.
So I study harder to master English. 그래서 영어를 마스터하기 위해서 더 열심히 공부한다.

5) I am going to study in the library until late at night.
오늘 나는 밤늦게까지 도서관에서 공부할 것이다.

6) Now I know the best way to master English. 이제는 영어를 마스터하는 최고의 방법을 알고 있다.
So I don't think it will take a long time to master English.
그래서 영어를 마스터 하는데 오랜 시간이 걸릴 것이라고는 생각하지 않는다.

Chapter 05 발음기호 문장과 알파벳 문장

1)

ai hæd ˈstʌdid ˈiŋgliʃ fɔːr ten ˈjiərz
sins ˈmidl skuːl. bʌt ai hæd ˈnevər
ʌndərˈstud ˈiŋgliʃ wel
ai hæd ˈnevər ˈspoukn ˈiŋgliʃ ˈfluːəntli.
ai hæd ˈnevər red ˈiŋgliʃ wel.
ai hæd ˈnevər ritn ˈiŋgliʃ wel.
bʌt ai hæd riˈsiːvd gud greidz ɔːn ˈiŋgliʃ tests.

I had studied English for ten years since middle school.
ai hæd ˈstʌdid ˈiŋgliʃ fɔːr ten ˈjiərz sins ˈmidl skuːl.

But I had never understood English well.
bʌt ai hæd ˈnevər ʌndərˈstud ˈiŋgliʃ wel

I had never spoken English fluently.
ai hæd ˈnevər ˈspoukn ˈiŋgliʃ ˈfluːəntli.

I had never read English well.
ai hæd ˈnevər red ˈiŋgliʃ wel.

I had never written English well.
ai hæd ˈnevər ritn ˈiŋgliʃ wel.

But I had received good grades on English tests.
bʌt ai hæd riˈsiːvd gud greidz ɔːn ˈiŋgliʃ tests.

2)

'æftər ju:ni'və:rsəti ai didnt 'stʌdi 'iŋgliʃ æt ɔ:l.

ai di'saidid tu: 'stʌdi 'iŋgliʃ θri: 'jiərz ə'gou.

ai 'sta:rtid tu: 'stʌdi 'iŋgliʃ ə'gen.

ai 'stʌdid 'iŋgliʃ 'ri:əli ha:rd 'evri dei.

bʌt ai kud na:t spi:k 'iŋgliʃ 'flu:əntli.

After university I didn't study English at all.
'æftər ju:ni'və:rsəti ai didnt 'stʌdi 'iŋgliʃ æt ɔ:l.

I decided to study English three years ago.
ai di'saidid tu: 'stʌdi 'iŋgliʃ θri: 'jiərz ə'gou.

I started to study English again.
ai 'sta:rtid tu: 'stʌdi 'iŋgliʃ ə'gen.

I studied English really hard every day.
ai 'stʌdid 'iŋgliʃ 'ri:əli ha:rd 'evri dei.

But I could not speak English fluently.
bʌt ai kud na:t spi:k 'iŋgliʃ 'flu:əntli.

3)

ai ˈstɑːrtid tuː ˈstʌdi ˈiŋgliʃ θriː ˈjiərz əˈgou.
ai hæv biːn ˈstʌdiiŋ ˈiŋgliʃ fɔːr θriː ˈjiərz.
bʌt ai hæv ˈnevər ʌndərˈstud ˈiŋgliʃ wel.
ai hæv biːn ˈstʌdiiŋ ˈiŋgliʃ fɔːr θriː ˈjiərz.
bʌt ai hæv ˈnevər ˈspoukn ˈiŋgliʃ ˈfluːəntli.
ai hæv ˈnevər red ˈiŋgliʃ wel.
ænd ai hæv ˈnevər ritn ˈiŋgliʃ wel, ˈiːðər.

I started to study English three years ago.
ai ˈstɑːrtid tuː ˈstʌdi ˈiŋgliʃ θriː ˈjiərz əˈgou.

I have been studying English for three years.
ai hæv biːn ˈstʌdiiŋ ˈiŋgliʃ fɔːr θriː ˈjiərz.

But I have never understood English well.
bʌt ai hæv ˈnevər ʌndərˈstud ˈiŋgliʃ wel.

I have been studying English for three years.
ai hæv biːn ˈstʌdiiŋ ˈiŋgliʃ fɔːr θriː ˈjiərz.

But I have never spoken English fluently.
bʌt ai hæv ˈnevər ˈspoukn ˈiŋgliʃ ˈfluːəntli.

I have never read English well.
ai hæv ˈnevər red ˈiŋgliʃ wel.

And I have never written English well, either.
ænd ai hæv ˈnevər ritn ˈiŋgliʃ wel, ˈiːðər.

4)

ai hæv ˈriːsntli faund ðə best wei tuː
ˈmæstər ˈiŋgliʃ.
sou ai ˈstʌdi ˈhardər tuː ˈmæstər ˈiŋgliʃ.
ai ˈstʌdi ˈiŋgliʃ ˈevri dei.
ai ˈlisn tuː ˈiŋgliʃ ˈevri dei.
ai riːd ˈiŋgliʃ ˈevri dei.
ai rait ˈiŋgliʃ ˈevri dei.

I have recently found the best way to master English.
ai hæv ˈriːsntli faund ðə best wei tuː ˈmæstər ˈiŋgliʃ.

So I study harder to master English.
sou ai ˈstʌdi ˈhardər tuː ˈmæstər ˈiŋgliʃ.

I study English every day.
ai ˈstʌdi ˈiŋgliʃ ˈevri dei.

I listen to English every day.
ai ˈlisn tuː ˈiŋgliʃ ˈevri dei.

I read English every day.
ai riːd ˈiŋgliʃ ˈevri dei.

I write English every day.
ai rait ˈiŋgliʃ ˈevri dei.

5)

nau ai æm ˈstʌdiiŋ ˈiŋgliʃ in ðə ˈlaibreri.

ai æm ˈriːdiŋ ən ˈiŋgliʃ buk in ðə ˈlaibreri.

ai æm ˈlisniŋ tuː ˈiŋgliʃ.

ai æm ˈraitiŋ ən ˈiŋgliʃ ˈesei in ðə ˈlaibreri.

ai æm ˈgouiŋ tuː ˈstʌdi in ðə ˈlaibreri

ənˈtil leit æt nait.

Now I am studying English in the library.
nau ai æm ˈstʌdiiŋ ˈiŋgliʃ in ðə ˈlaibreri.

I am reading an English book in the library.
ai æm ˈriːdiŋ ən ˈiŋgliʃ buk in ðə ˈlaibreri.

I am listening to English.
ai æm ˈlisniŋ tuː ˈiŋgliʃ.

I am writing an English essay in the library.
ai æm ˈraitiŋ ən ˈiŋgliʃ ˈesei in ðə ˈlaibreri.

I am going to study in the library until late at night.
ai æm ˈgouiŋ tuː ˈstʌdi in ðə ˈlaibreri ənˈtil leit æt nait.

6)

ai wil ˈstʌdi haːrd ənˈtil ai kæn ʌndərˈstænd
ˈiŋgliʃ wel. ai wil ˈstʌdi haːrd ənˈtil ai kæn
spiːk ˈiŋgliʃ ˈfluːəntli.
ai wil ˈstʌdi haːrd ənˈtil ai kæn riːd ˈiŋgliʃ wel.
nau ai nou ðə best wei tuː ˈmæstər ˈiŋgliʃ.
sou ai dount θiŋk it wil teik ə lɔːŋ taim tuː
ˈmæstər ˈiŋgliʃ

I will study hard until I can understand English well.
ai wil ˈstʌdi haːrd ənˈtil ai kæn ʌndərˈstænd ˈiŋgliʃ wel.

I will study hard until I can speak English fluently.
ai wil ˈstʌdi haːrd ənˈtil ai kæn spiːk ˈiŋgliʃ ˈfluːəntli.

I will study hard until I can read English well.
ai wil ˈstʌdi haːrd ənˈtil ai kæn riːd ˈiŋgliʃ wel.

Now I know the best way to master English.
nau ai nou ðə best wei tuː ˈmæstər ˈiŋgliʃ.

So I don't think it will take a long time to master English.
sou ai dount θiŋk it wil teik ə lɔːŋ taim tuː ˈmæstər ˈiŋgliʃ

1)

I went to sleep late last night because I was watching TV. But, for some reason, I wake up early in the morning. After I wake up, I still lie in the bed with my eyes open. I don't want to get out of bed.

2)

I don't know why I wake up early. Even though I am awake, I still feel tired and sleepy. I'm too tired to get out of bed. I don't want to get out of bed. So, I close my eyes and I fall asleep again.

3)

An hour later, my mom wakes me up. "It's time to get up. Get up!" I wake up again. I get out of bed slowly, yawning and stretching. At last I get up at seven in the morning. I turn on the light and open the window. I make the bed. I leave my room, rubbing my sleepy eyes.

단어, 숙어

again [əˈgen] 다시
asleep [əˈsliːp] 잠들은
bed [bed] 침대
close [klouz] 닫다
early [ˈəːrli] 일찍
go [gou] / went [went] / gone [gɔːn] 가다
hour [ˈauər] 시간
late [leit] 늦게, 늦은
later [ˈleitər] 후에 / 나중에
lie [lai] 눕다 / 거짓말
light [lait] 전등 / 불빛
make [meik] (침대를) 정리하다 / 만들다
reason [ˈriːzn] 이유, 까닭
rub [rʌb] 문지르다
sleepy [ˈsliːpi] 졸린
slowly [ˈslouli] 천천히, 느리게
still [stil] 여전히, 아직도
stretch [stretʃ] 스트레칭하다, 기지개를 켜다
though [ðou] 비록 ~일지라도
tired [taiərd] 피곤한

wake [weik] 깨다, 일어나다
watch [waːtʃ] 보다
window [ˈwindou] 창문
yawn [jɔn] 하품을 하다

an hour later 1시간 후에
at last 마침내
even though 비록 ~여도 / 비록 ~일지라도
fall asleep 잠들다
for some reason 무슨 까닭인지
get out of bed 잠자리에서 일어나다 / 침대에서 나오다
get up 일어나다
it's time to ~할 시간이다
last night 지난밤에
lie in ~에 눕다
make a bed 잠자리를 정돈하다
too ~ to … 너무 ~해서 …할 수 없다
turn on ~를 켜다
wake up 잠에서 깨다 / 깨우다

해석

1) I went to sleep late last night because I was watching TV. 티비를 보느라 어젯밤에 늦게 잠들었다.
After I wake up, I still lie in the bed with my eyes open.
깨어난 후에도 나는 눈을 뜬 채 여전히 침대에 누워있다.
I don't want to get out of bed. 나는 침대에서 나오고 싶지 않다.

2) Even though I am awake, I still feel tired and sleepy. 잠에서는 깨었지만 여전히 졸리고 피곤하다.
I'm too tired to get out of bed. 나는 너무 피곤해서 침대에서 나오고 싶지 않다.

3) An hour later, my mom wakes me up. 한 시간 후에 엄마가 나를 깨운다.
It's time to get up. Get up! 일어날 시간이다. 일어나!
I get out of bed slowly, yawning and stretching.
나는 하품을 하고 기지개를 켜며 천천히 침대에서 나온다.
I make the bed. 나는 침대를 정돈한다.

4)

I go into the bathroom. I brush my teeth, wash my face and wash my hair. While I am washing my hair in the bathroom, my mom is preparing breakfast for us. My mom shouts, "Breakfast is ready in the kitchen. Hurry up, or you will be late for school." My mom always tells me to hurry up. I answer, "I'm coming."

5)

I leave the bathroom, drying my hair with a towel. I enter my room, still drying my hair with a towel. I take out my clothes from the closet. I take off my pajamas and hang my pajamas in the closet. And I put on my clothes and put on my glasses. Then, I start to pack my school bag. I put my books, notebooks, and other necessary things in my school bag.

6)

And then, I have breakfast with my family. I sit at the table and pick up a spoon and chopsticks. I start to eat breakfast. My parents always say skipping breakfast is not good for my health. So, I usually don't skip breakfast.

단어, 숙어

always [ˈɔːlweiz] 항상
answer [ˈænsər] 대답하다
bathroom [ˈbæθrum] 화장실, 욕실
breakfast [ˈbrekfəst] 아침 식사
brush [brʌʃ] 닦다 / 솔
chopstick [ˈtʃaːpstik] 젓가락
closet [ˈklaːzit] 옷장
clothes [klouz] 옷, 의복
dry [drai] 말리다 / 마른
enter [ˈentər] 들어가다
face [feis] 얼굴
glasses [glæsiz] 안경
hang [hæŋ] 걸다
health [helθ] 건강
hurry [ˈhəːri] 서두르다
kitchen [ˈkitʃin] 부엌, 주방
late [leit] 늦은
necessary [ˈnesəseri] 필요한
notebook [ˈnoutbuk] 공책
pack [pæk] 짐을 싸다
pajama [pədʒάːmə] 파자마, 잠옷
parents [ˈpeərənts] 부모
pick [pik] 집어내다
prepare [priˈpeər] 준비하다
put [put] 놓다, 두다
ready [ˈredi] 준비 된
shout [ʃaut] 외치다, 큰소리로 부르다
skip [skip] 거르다 / 생략하다
spoon [spuːn] 숟가락
start [staːrt] 시작하다
table [ˈteibl] 테이블, 식탁
teeth [tiːθ] 치아, 이빨

towel [tauəl] 수건
usually [ˈjuːʒuəli] 보통, 평소에는
wash [waːʃ] 씻다
while [wail] ~하는 동안에

and then 그리고 나서
be good for ~에 좋다
brush my teeth 이빨을 닦다
get out of ~에서 나오다
go into ~ 안으로 들어가다
hurry up 서두르다
Hurry up, or 서둘러라 그렇지 않으면
(명령문, or … 해라, 그렇지 않으면 ~)
pick up ~을 집어들다
put on ~을 입다, ~를 쓰다, ~를 신다
school bag 학교 가방
start to ~하기를 시작하다
take off 벗다
take out 꺼내다
tell ~ to … ~에게 …하라고 말하다
wash my face 세수하다
wash my hair 머리를 감다

해석

4) While I am washing my hair in the bathroom, my mom is preparing breakfast for us.
화장실에서 머리를 감고 있는 동안 엄마는 우리를 위해서 아침을 준비하고 있다.
Hurry up, or you will be late for school. 서둘러라 안 그러면 학교에 늦을 거다.
I'm coming. 갑니다. (상대방 쪽으로 갈 때 go 대신에 come을 쓴다.)

5) I leave the bathroom, drying my hair with a towel. 타월로 머리를 말리며 나는 화장실에서 나온다.
I take off my pajamas and hang my pajamas in the closet.
나는 잠옷을 벗고 잠옷을 옷장 안에 걸어 놓는다.
I put on my clothes and put on my glasses. 나는 옷을 입고 안경을 쓴다.
I put my books, notebooks, and other necessary things in my school bag.
나는 책과 공책, 그리고 다른 필요한 것들은 책가방에 넣는다.

6) My parents always say skipping breakfast is not good for my health.
우리 부모님은 아침을 거르는 것은 건강에 좋지 않다고 항상 말씀하신다.

Chapter 06 발음기호 문장과 알파벳 문장

1)

ai went tu: sli:p leit last nait
biˈkɔ:z ai wəz ˈwa:tʃiŋ ti:ˈvi:.
bʌt, fɔ:r sʌm ˈri:zn, ai weik ʌp ˈə:rli
in ðə ˈmɔ:rniŋ.
ˈæftər ai weik ʌp, ai stil lai in ðə bed
wið mai aiz ˈoupn.
ai dount wɔ:nt tu: get aut əv bed.

I went to sleep late last night because I was watching TV.
ai went tu: sli:p leit last nait biˈkɔ:z ai wəz ˈwa:tʃiŋ ti:ˈvi:.

But, for some reason, I wake up early in the morning.
bʌt, fɔ:r sʌm ˈri:zn, ai weik ʌp ˈə:rli in ðə ˈmɔ:rniŋ.

After I wake up, I still lie in the bed with my eyes open.
ˈæftər ai weik ʌp, ai stil lai in ðə bed wið mai aiz ˈoupn.

I don't want to get out of bed.
ai dount wɔ:nt tu: get aut əv bed.

2)

ai dount nou wai ai weik ʌp ˈə:rli.
ˈi:vn ðou ai æm əˈweik, ai stil fi:l taiərd ænd ˈsli:pi.
aim tu: taiərd tu: get aut əv bed.
ai dount wɔ:nt tu: get aut əv bed.
sou, ai klouz mai aiz ænd ai fɔ:l əˈsli:p əˈgen.

I don't know why I wake up early.
ai dount nou wai ai weik ʌp ˈə:rli.

Even though I am awake, I still feel tired and sleepy.
ˈi:vn ðou ai æm əˈweik, ai stil fi:l taiərd ænd ˈsli:pi.

I'm too tired to get out of bed.
aim tu: taiərd tu: get aut əv bed.

I don't want to get out of bed.
ai dount wɔ:nt tu: get aut əv bed.

So, I close my eyes and I fall asleep again.
sou, ai klouz mai aiz ænd ai fɔ:l əˈsli:p əˈgen.

3)

  ən ˈauər ˈleitər, mai maːm weiks miː ʌp.
  "its taim tuː get ʌp. get ʌp!"
  ai weik ʌp əˈgen.
  ai get aut əv bed ˈslouli, ˈjɔːniŋ ænd ˈstretʃiŋ.
  æt last ai get ʌp æt ˈsevn in ðə ˈmɔːrniŋ.
  ai təːrn ɔːn ðə lait ænd ˈoupn ðə ˈwindou.
  ai meik ðə bed.
  ai liːv mai ruːm, ˈrʌbiŋ mai ˈsliːpi aiz.

An hour later, my mom wakes me up.
ən ˈauər ˈleitər, mai maːm weiks miː ʌp.

"It's time to get up. Get up!"
"its taim tuː get ʌp. get ʌp!"

I wake up again.
ai weik ʌp əˈgen.

I get out of bed slowly, yawning and stretching.
ai get aut əv bed ˈslouli, ˈjɔːniŋ ænd ˈstretʃiŋ.

At last I get up at seven in the morning.
æt last ai get ʌp æt ˈsevn in ðə ˈmɔːrniŋ.

I turn on the light and open the window.
ai təːrn ɔːn ðə lait ænd ˈoupn ðə ˈwindou.

I make the bed.
ai meik ðə bed.

I leave my room, rubbing my sleepy eyes.
ai liːv mai ruːm, ˈrʌbiŋ mai ˈsliːpi aiz.

4)

ai gou ˈintu: ðə ˈbæθrum.
ai brʌʃ mai ti:θ, wa:ʃ mai feis
ænd wa:ʃ mai heər.
wail ai æm ˈwa:ʃiŋ mai heər in ðə ˈbæθrum,
mai ma:m iz priˈpeəriŋ ˈbrekfəst fɔ:r ʌs.
mai ma:m ʃauts.
"ˈbrekfəst iz ˈredi in ðə ˈkitʃin.
ˈhə:ri ʌp, ɔ:r ju: wil bi: leit fɔ:r sku:l."
mai ma:m ˈɔ:lweiz telz mi: tu: ˈhə:ri ʌp.
ai ˈænsər, "aim ˈkʌmiŋ."

I go into the bathroom.
ai gou ˈintu: ðə ˈbæθrum.

I brush my teeth, wash my face and wash my hair.
ai brʌʃ mai ti:θ, wa:ʃ mai feis ænd wa:ʃ mai heər.

While I am washing my hair in the bathroom,
wail ai æm ˈwa:ʃiŋ mai heər in ðə ˈbæθrum,

my mom is preparing breakfast for us.
mai ma:m iz priˈpeəriŋ ˈbrekfəst fɔ:r ʌs.

My mom shouts,
mai ma:m ʃauts.

"Breakfast is ready in the kitchen.
"ˈbrekfəst iz ˈredi in ðə ˈkitʃin.

Hurry up, or you will be late for school."
ˈhə:ri ʌp, ɔ:r ju: wil bi: leit fɔ:r sku:l."

My mom always tells me to hurry up.
mai ma:m ˈɔ:lweiz telz mi: tu: ˈhə:ri ʌp.

I answer, "I'm coming."
ai ˈænsər, "aim ˈkʌmiŋ."

5)

ai liːv ðə ˈbæθrum, ˈdraiiŋ mai heər wið ə tauəl.
ai ˈentər mai ruːm, stil ˈdraiiŋ mai heər wið ə tauəl.
ai teik aut mai klouz frʌm ðə ˈklaːzit.
ai teik ɔːf mai pəˈdʒaːməz ænd hæŋ mai pəˈdʒaːməz in ðə ˈklaːzit.
ænd ai put ɔːn mai klouz ænd put ɔːn mai glæsiz.
ðen, ai staːrt tuː pæk mai skuːl bæg.
ai put mai buks, ˈnoutbuks, ænd ˈʌðər ˈnesəseri θiŋz in mai skuːl bæg.

I leave the bathroom, drying my hair with a towel.
ai li:v ðə ˈbæθrum, ˈdraiiŋ mai heər wið ə tauəl.

I enter my room, still drying my hair with a towel.
ai ˈentər mai ru:m, stil ˈdraiiŋ mai heər wið ə tauəl.

I take out my clothes from the closet.
ai teik aut mai klouz frʌm ðə ˈkla:zit.

I take off my pajamas and hang my pajamas in the closet.
ai teik ɔ:f mai pəˈdʒa:məz ænd hæŋ mai pəˈdʒa:məz in ðə ˈkla:zit.

And I put on my clothes and put on my glasses.
ænd ai put ɔ:n mai klouz ænd put ɔ:n mai glæsiz.

Then, I start to pack my school bag.
ðen, ai sta:rt tu: pæk mai sku:l bæg.

I put my books, notebooks, and other necessary things
ai put mai buks, ˈnoutbuks, ænd ˈʌðər ˈnesəseri θiŋz

in my school bag.
in mai sku:l bæg.

Chapter 06

6)

ænd ðen, ai hæv ˈbrekfəst wið mai ˈfæməli.

ai sit æt ðə ˈteibl ænd pik ʌp ə spu:n

ænd ˈtʃa:pstiks.

ai sta:rt tu: i:t ˈbrekfəst.

mai ˈpeərənts ˈɔ:lweiz sei

ˈskipiŋ ˈbrekfəst iz na:t gud fɔ:r mai helθ.

sou, ai ˈju:ʒuəli dount skip ˈbrekfəst.

And then, I have breakfast with my family.
ænd ðen, ai hæv ˈbrekfəst wið mai ˈfæməli.

I sit at the table and pick up a spoon and chopsticks.
ai sit æt ðə ˈteibl ænd pik ʌp ə spu:n ænd ˈtʃa:pstiks.

I start to eat breakfast.
ai sta:rt tu: i:t ˈbrekfəst.

My parents always say skipping breakfast is not good
mai ˈpeərənts ˈɔ:lweiz sei ˈskipiŋ ˈbrekfəst iz na:t gud

for my health.
fɔ:r mai helθ.

So, I usually don't skip breakfast.
sou, ai ˈju:ʒuəli dount skip ˈbrekfəst.

1)

After having breakfast, I put on my shoes. And I leave my house, carrying my school bag over my shoulder. I live in an apartment. My apartment is on the fourth floor. I wait for the elevator.

2)

Unfortunately, the elevator is crowded with people. I decide to take the stairs instead of taking the elevator. I hate walking up the stairs but I don't mind walking down the stairs. So, I walk down the stairs, singing a song.

3)

On my way to school, I meet my friends. I go to school with my friends. My school is not far from my house. So we don't take the bus. We walk to school together. We arrive at school at eight thirty. School begins at nine. I listen carefully in my class.

단어, 숙어

apartment [əˈpɑːrtmənt] 아파트
arrive [əˈraiv] 도착하다, 닿다
breakfast [ˈbrekfəst] 아침 식사
carefully [ˈkeərfəli] 신중하게, 주의깊게
carry [ˈkæri] 휴대하다, 나르다
crowded [ˈkraudid] 붐비는, 혼잡한
decide [diˈsaid] 결정하다, 결심하다
eight [eit] 여덟, 8의
elevator [ˈeləveitər] 엘리베이터, 승강기
floor [flɔːr] 층, 마룻바닥
fourth [fɔːrθ] 네 번째, 제4의
hate [heit] 싫어하다, 미워하다
instead [inˈsted] 대신에, 그보다도
leave [liːv] 떠나다, 남기고 가다
listen [ˈlisn] 듣다, 경청하다
mind [maind] ~하는 것을 꺼리다 / 마음
nine [nain] 아홉, 9의
shoes [ʃuːz] 신발, 구두
shoulder [ˈʃouldər] 어깨, 윗등
stairs [ˈsteərz] 계단
together [tuːˈgeðər] 함께, 같이
unfortunately [ʌnˈfɔːrtʃənətli] 불행하게도, 운나쁘게

wait [weit] 기다리다
walk [wɔːk] 걷다

arrive at ~에 도착하다
at eight thirty 8시 30분에
be crowded with 붐비다, 꽉 들어차다
decide to ~하기로 결정(결심)하다
fourth floor 4층
have breakfast 아침을 먹다
instead of ~대신에
not far from ~에서 멀지 않다
On my way to school 집으로 오는 길에
over my shoulder 어깨에
put on (옷을) 입다, (신발을) 신다
(옷, 모자, 신발, 안경, 목걸이, 양말, 시계 등 몸에 걸치는 모든 것에 사용하는 숙어)
sing a song 노래를 부르다
take the bus 버스를 타다
take the elevator 승강기(엘리베이터)를 타다
take the stairs 계단을 이용하다
wait for ~을 기다리다
walk down the stairs 계단을 걸어 내려가다
walk up the stairs 계단을 걸어 올라가다

해석

1) After having breakfast, I put on my shoes. 아침을 먹은 후 신발을 신는다.
I leave my house, carrying my school bag over my shoulder. 책가방을 어깨에 메고 집을 떠난다.

2) Unfortunately, the elevator is crowded with people. 불행하게도 엘리베이터에 사람이 많았다.
I decide to take the stairs instead of taking the elevator.
나는 승강기를 타는 대신 계단을 걸어가기로 결정했다.
I walk down the stairs, singing a song. 노래 부르며 계단을 걸어 내려간다.
I hate walking up the stairs but I don't mind walking down the stairs.
계단을 올라가는 것은 싫지만 걸어 내려가는 것은 상관없다. (꺼리지 않는다.)

3) I listen carefully in my class. 수업시간에 집중해서 듣는다.

4)

After school, I do my homework in the library. When I leave the library, I feel a little bit tired. I don't want to walk home. If I take a taxi, I can get home in five minutes. So, I decide to take a taxi.

5)

I am trying to catch a taxi. But, catching a taxi at this time of day is really difficult. I give up on taking a taxi. I think about whether to take the subway or bus. The bus stop is closer than the subway station. So I decide to take the bus.

6)

When the bus arrives at the bus stop, I get on the bus. Fortunately, the bus is not crowded with people. When the bus arrives at my house, I get off the bus and walk home. On my way home, I meet one of my friends.

단어, 숙어

arrive [əˈraiv] 도착하다, 닿다
bit [bit] 약간
catch [kætʃ] 잡다
closer [ˈklousər] 더 가까운
crowded [ˈkraudid] 붐비는, 혼잡한
decide [diˈsaid] 결정하다, 결심하다
difficult [ˈdifikəlt] 어려운
five [faiv] 다섯, 5
fortunately [ˈfɔːrtʃənitli] 다행히, 운좋게
homework [ˈhoumwəːrk] 숙제, 가정에서 하는 일
leave [liːv] 떠나다, 남기고 가다
library [ˈlaibreri] 도서관
minute [ˈminiːt] (시간 시, 분, 초) 분
station [ˈsteiʃən] 기차역
subway [ˈsʌbwei] 지하철
taxi [ˈtæksi] 택시
tired [taiərd] 피곤한, 지친
walk [wɔːk] 걷다
whether [ˈweðər] 어떨지, ~인지 아닌지

a little bit 약간, 조금
after school 방과 후에
arrive at ~에 도착하다.
at this time of day 하루 중 이맘때에
be crowded with 붐비다, 꽉 들어차다
bus stop 버스 정거장
catch a taxi (빈)택시를 잡다
decide to ~하기로 결정(결심)하다
do my homework 숙제를 하다
get off (버스, 기차, 비행기 등에서) 내리다
get on (버스, 기차, 비행기 등에 올라) 타다
give up on ~할 것을 포기하다
give up 포기하다
in five minutes 5분 안에, 5분 후에
on my way home 집으로 오는 길에
subway station 지하철역
take a taxi 택시를 타다
take the bus 버스를 타다
try to ~하려고 (노력)하다
walk home 걷다 집으로 (→ 집으로 걸어가다)

해석

4) If I take a taxi, I can get home in five minutes. 택시를 타면 5분이면 집에 갈 수 있다.

5) But, catching a taxi at this time of day is really difficult.
(하루 중) 이맘때에 택시를 잡는 것은 정말 어렵다.
I give up on taking a taxi. 나는 택시 타는 것을 포기한다.
I think about whether to take the subway or bus. 버스를 탈까 전철을 탈까 생각해 본다.

6) I get off the bus and walk home. 버스에서 내려서 집으로 걸어간다.
On my way home, I meet one of my friends. 집으로 오는 길에 한 친구를 만난다.

7)
He is riding a bike. I come back home at five. I enter my house, saying "I'm home mom." When I enter my house, I see my younger sister is watching TV in the living room. I think she spends too much time watching TV. I like to watch TV. But I don't like to spend too much time watching TV.

단어, 숙어

bike [baik] 자전거
enter [ˈentər] 들어가다
five [faiv] 다섯, 5
ride [ˈraidiŋ] 타다
spend [spend] (돈이나 시간을) 쓰다
spend [spend] (돈이나 시간을) 쓰다
watch [wɑːtʃ] 보다
younger [ˈjʌŋgər] 더 젊은

living room 거실
ride a bike 자전거를 타다

해석

7) I enter my house, saying "I'm home mom." "엄마 저 왔어요."라고 말하며 집으로 들어간다.
When I enter my house, I see my younger sister is watching TV in the living room.
집에 들어갔을 때 거실에서 여동생이 티비를 보고 있는 것을 본다.
I think she spends too much time watching TV.
나는 그녀가 티비를 보는 시간이 너무 많다고 생각한다.
But I don't like to spend too much time watching TV.
그러나 나는 티비를 너무 많이 보는 것을 좋아하지 않는다.

Chapter 07 발음기호 문장과 알파벳 문장

1)

ˈæftər hæviŋ ˈbrekfəst, ai put ɔːn mai ʃuːz.
ænd ai liːv mai haus, ˈkæriŋ mai skuːl bæg
ˈouvər mai ˈʃouldər.
ai liv in ən əˈpɑːrtmənt.
mai əˈpɑːrtmənt iz ɔːn ðə fɔːrθ flɔːr.
ai weit fɔːr ði ˈeləveitər.

After having breakfast, I put on my shoes.
ˈæftər hæviŋ ˈbrekfəst, ai put ɔːn mai ʃuːz.

And I leave my house, carrying my school bag
ænd ai liːv mai haus, ˈkæriŋ mai skuːl bæg

over my shoulder.
ˈouvər mai ˈʃouldər.

I live in an apartment.
ai liv in ən əˈpɑːrtmənt.

My apartment is on the fourth floor.
mai əˈpɑːrtmənt iz ɔːn ðə fɔːrθ flɔːr.

I wait for the elevator.
ai weit fɔːr ði ˈeləveitər.

2)

ʌnˈfɔːrtʃənətli, ði ˈeləveitər iz ˈkraudid
wið ˈpiːpl. ai diˈsaid tuː teik ðə ˈsteərz
inˈsted əv ˈteikiŋ ði ˈeləveitər.
ai heit ˈwɔːkiŋ ʌp ðə ˈsteərz
bʌt ai dount maind ˈwɔːkiŋ daun ðə ˈsteərz.
sou, ai wɔːk daun ðə ˈsteərz, ˈsiŋiŋ ə sɔːŋ.

Unfortunately, the elevator is crowded with people.
ʌnˈfɔːrtʃənətli, ði ˈeləveitər iz ˈkraudid wið ˈpiːpl.

I decide to take the stairs instead of taking the elevator.
ai diˈsaid tuː teik ðə ˈsteərz inˈsted əv ˈteikiŋ ði ˈeləveitər.

I hate walking up the stairs
ai heit ˈwɔːkiŋ ʌp ðə ˈsteərz

but I don't mind walking down the stairs.
bʌt ai dount maind ˈwɔːkiŋ daun ðə ˈsteərz.

So, I walk down the stairs, singing a song.
sou, ai wɔːk daun ðə ˈsteərz, ˈsiŋiŋ ə sɔːŋ.

3)

ɔːn mai wei tuː skuːl, ai miːt mai frendz.
ai gou tuː skuːl wið mai frendz.
mai skuːl iz naːt faːr frʌm mai haus.
sou wiː dount teik ðə bʌs.
wiː wɔːk tuː skuːl tuːˈgeðər.
wiː əˈraiv æt skuːl æt eit ˈθəːrti.
skuːl biˈginz æt nain.
ai ˈlisn ˈkeərfəli in mai klæs.

On my way to school, I meet my friends.
ɔːn mai wei tuː skuːl, ai miːt mai frendz.

I go to school with my friends.
ai gou tuː skuːl wið mai frendz.

My school is not far from my house.
mai skuːl iz naːt faːr frʌm mai haus.

So we don't take the bus.
sou wiː dount teik ðə bʌs.

We walk to school together.
wiː wɔːk tuː skuːl tuːˈgeðər.

We arrive at school at eight thirty.
wiː əˈraiv æt skuːl æt eit ˈθəːrti.

School begins at nine.
skuːl biˈginz æt nain.

I listen carefully in my class.
ai ˈlisn ˈkeərfəli in mai klæs.

4)

ˈæftər skuːl, ai duː mai ˈhoumwəːrk
in ðə ˈlaibreri. wen ai liːv ðə ˈlaibreri,
ai fiːl ə ˈlitl bit taiərd.
ai dount wɔːnt tuː wɔːk houm. if ai teik
ə ˈtæksi, ai kæn get houm in faiv ˈminits.
sou, ai diˈsaid tuː teik ə ˈtæksi.

After school, I do my homework in the library.
ˈæftər skuːl, ai duː mai ˈhoumwəːrk in ðə ˈlaibreri.

When I leave the library, I feel a little bit tired.
wen ai liːv ðə ˈlaibreri, ai fiːl ə ˈlitl bit taiərd.

I don't want to walk home.
ai dount wɔːnt tuː wɔːk houm.

If I take a taxi, I can get home in five minutes.
if ai teik ə ˈtæksi, ai kæn get houm in faiv ˈminits.

So, I decide to take a taxi.
sou, ai diˈsaid tuː teik ə ˈtæksi.

5)

ai æm ˈtraiiŋ tu: kætʃ ə ˈtæksi.

bʌt, ˈkætʃiŋ ə ˈtæksi æt ðis taim əv dei iz
ˈri:əli ˈdifikəlt.

ai giv ʌp ɔ:n ˈteikiŋ ə ˈtæksi. ai θiŋk əˈbaut
ˈweðər tu: teik ðə ˈsʌbwei ɔ:r bʌs.

ðə bʌs sta:p iz ˈklousər ðæn
ðə ˈsʌbwei ˈsteiʃən.

sou ai diˈsaid tu: teik ðə bʌs.

I am trying to catch a taxi.
ai æm ˈtraiiŋ tu: kætʃ ə ˈtæksi.

But, catching a taxi at this time of day is really difficult.
bʌt, ˈkætʃiŋ ə ˈtæksi æt ðis taim əv dei iz ˈri:əli ˈdifikəlt.

I give up on taking a taxi.
ai giv ʌp ɔ:n ˈteikiŋ ə ˈtæksi.

I think about whether to take the subway or bus.
ai θiŋk əˈbaut ˈweðər tu: teik ðə ˈsʌbwei ɔ:r bʌs.

The bus stop is closer than the subway station.
ðə bʌs sta:p iz ˈklousər ðæn ðə ˈsʌbwei ˈsteiʃən.

So I decide to take the bus.
sou ai diˈsaid tu: teik ðə bʌs.

6)

wen ðə bʌs əˈraivz æt ðə bʌs staːp.

ai get ɔːn ðə bʌs.

ˈfɔːrtʃənitli, ðə bʌs iz naːt ˈkraudid wið ˈpiːpl.

wen ðə bʌs əˈraivz æt mai haus,

ai get ɔːf ðə bʌs ænd wɔːk houm.

ɔːn mai wei houm, ai miːt wʌn əv mai frendz.

When the bus arrives at the bus stop,
wen ðə bʌs əˈraivz æt ðə bʌs staːp.

I get on the bus.
ai get ɔːn ðə bʌs.

Fortunately, the bus is not crowded with people.
ˈfɔːrtʃənitli, ðə bʌs iz naːt ˈkraudid wið ˈpiːpl.

When the bus arrives at my house,
wen ðə bʌs əˈraivz æt mai haus,

I get off the bus and walk home.
ai get ɔːf ðə bʌs ænd wɔːk houm.

On my way home, I meet one of my friends.
ɔːn mai wei houm, ai miːt wʌn əv mai frendz.

7)

hi: iz ˈraidiŋ ə baik.
ai kʌm bæk houm æt faiv.
ai ˈentər mai haus, ˈseiiŋ "aim houm ma:m."
wen ai ˈentər mai haus, ai si: mai ˈjʌŋgər
ˈsistər iz ˈwa:tʃiŋ ti:ˈvi: in ðə ˈliviŋ ru:m.
ai θiŋk ʃi: spendz tu: mʌtʃ taim ˈwa:tʃiŋ
ti:ˈvi:. ai laik tu: wa:tʃ ti:ˈvi:. bʌt ai dount
laik tu: spend tu: mʌtʃ taim ˈwa:tʃiŋ ti:ˈvi:.

He is riding a bike.
hi: iz ˈraidiŋ ə baik.

I come back home at five.
ai kʌm bæk houm æt faiv.

I enter my house, saying "I'm home mom."
ai ˈentər mai haus, ˈseiiŋ "aim houm ma:m."

When I enter my house,
wen ai ˈentər mai haus,

I see my younger sister is watching TV in the living room.
ai si: mai ˈjʌŋgər ˈsistər iz ˈwa:tʃiŋ ti:ˈvi: in ðə ˈliviŋ ru:m.

I think she spends too much time watching TV.
ai θiŋk ʃi: spendz tu: mʌtʃ taim ˈwa:tʃiŋ ti:ˈvi:.

I like to watch TV.
ai laik tu: wa:tʃ ti:ˈvi:.

But I don't like to spend too much time watching TV.
bʌt ai dount laik tu: spend tu: mʌtʃ taim ˈwa:tʃiŋ ti:ˈvi:.

1)

My mother is in the kitchen, singing a song loudly. I think she feels good. Whenever my mom feels good, she sings songs loudly. I feel a little bit tired but I make up my mind to go out for a bike ride.

2)

I ride my bike in the park with my friend for an hour. After riding a bike in the park, I part from my friend. After parting from my friend, I come back home and take off my shoes and then go into the bathroom. I take off my clothes and take a shower.

3)

After taking a shower, I go to my room. I pick up a story book and sit on my chair. Sitting on my chair, I read the story book. My mother and my sister are talking to each other in the living room. They talk to each other loudly so I close the door.

단어, 숙어

bathroom [ˈbæθrum] 화장실, 욕실
bike [baik] 자전거
bit [bit] 약간
chair [tʃeər] 의자
close [klouz] 닫다
clothes [klouz] 옷, 의복
each [i:tʃ] 각각의
hour [auər] 시간
kitchen [ˈkitʃin] 부엌, 주방
mind [maind] 마음, 지성
park [pa:rk] 공원
part [pa:rt] 헤어지다 / 부분
pick [pik] 집다, 고르다
ride [raid] 타다
shoes [ʃu:z] 신발, 구두
shower [ʃauər] 샤워
tired [taiərd] 피곤한, 지친
whenever [wenˈevər] ~할 때마다

a little bit 조금 약간
and then 그리고 나서
feel good 기분이 좋다
for an hour 1시간 동안
go out for a bike ride 자전거를 타러 나가다
go out 나가다, 외출하다
living room 거실
make up one's mind to ~을 하기로 마음을 먹다 / 결심하다
part from ~와 헤어지다
pick up 집어 들다
sing a song 노래를 부르다
sitting on my chair 의자에 앉아서 (분사구문, 《JHO 100시간 영어 시리즈 ⑤ 문법》 참조)
story book 이야기책, 소설책
take a shower 샤워를 하다.
take off (옷 신발 안경 등을) 벗다 (옷, 모자, 신발, 안경, 목걸이, 양말, 시계 등 몸에 걸치는 모든 것에 사용하는 숙어)
talk to each other 서로 이야기하다

해석

1) My mother is in the kitchen, singing a song loudly.
어머니는 부엌에서 노래를 크게 부르고 계신다. (← 부엌에 있다, 노래를 크게 부르면서)
I feel a little bit tired but I make up my mind to go out for a bike ride.
나는 약간 피곤하지만 자전거를 타러 나가기로 결정했다.

2) After parting from my friend, I come back home and take off my shoes and then go into the bathroom. **친구와 헤어진 후에 집으로 돌아와서 신발을 벗고 욕실에 들어간다.**

3) Sitting on my chair, I read the story book. **의자에 앉아서 이야기책을 읽는다.**

4)

My father comes home earlier than usual. My mother tells me it's time to have dinner. I answer, "I'm coming." When I sit at the table, my father smiles at me. When I look at his face, I see he looks tired. He always looks tired. But he always tries to smile at us.

5)

We have dinner together, talking about this and that. After having dinner, we watch TV in the living room together. About half an hour later, I come back to my room to read the story book again.

6)

I pick up the story book which I had been reading. About an hour later, I feel a little bit sleepy. I yawn and stretch my arms. I stop reading and look at the clock on my desk.

7)

It's already 11 o'clock. I feel sleepy at this time of day. I make up my mind to go to bed early and get up early. I don't want to stay up late. I take off my glasses. I take off my clothes and hang my clothes in the closet.

단어, 숙어

already [ɔːlˈredi] 이미, 벌써
always [ˈɔːlweiz] 항상, 늘
arm [aːrm] 팔
bit [bit] 약간
clock [klɑːk] 시계
closet [ˈklɑːzit] 벽장(벽에 고정된 옷장), 옷장
clothes [klouz] 옷, 의복
dinner [ˈdinər] 저녁 식사
face [feis] 얼굴, 체면
glasses [glæsiz] 안경
half [hæf] 절반
hang [hæŋ] 걸다, 목매달다
hour [auər] 시간
late [leit] 늦은, 지각한
later [ˈleitər] 더 늦은
mind [maind] 마음, 지성
pick [pik] 집다, 고르다
sleepy [ˈsliːpi] 졸리는, 졸린
smile [smail] 미소, 미소 짓다
stretch [stretʃ] 기지개를 켜다, 뻗치다
table [ˈteibl] 테이블, 식탁
tired [taiərd] 피곤한, 지친
together [tuːˈgeðər] 함께, 같이
try [trai] 노력하다
usual [ˈjuːʒuəl] 평소의, 일상의
watch [wɑːtʃ] 보다

a little bit 약간, 조금
About an hour later 약 한 시간 후에
About half an hour later 약 30분 후에
at this time of day 하루 중 이맘때
earlier than usual 평소보다 일찍
get up 일어나다
go to bed 자다, 잠자리에 들다
in the closet 옷장 안에
look at 쳐다보다
look tired 피곤해 보이다
make up one's mind to
~을 하기로 마음을 먹다 / 결심하다
pick up 집어들다
sit at the table 테이블에 앉다
smile at ~에게 미소를 짓다
stay up 자지 않고 깨어 있다
story book 이야기책, 소설책
take off (옷 신발 안경 등을) 벗다
talk about ~에 관해서 이야기하다
talking about this and that
이런저런 이야기를 하면서
this and that 이것저것, 이런저런
try to ~하려고 노력하다

해석

4) My father comes home earlier than usual.
아버지가 평소보다 일찍 집에 오셨다.
When I look at his face, I see he looks tired.
아빠의 얼굴을 보니 피곤해 보인다.

5) We have dinner together, talking about this and that.
우리는 이런저런 이야기를 하면서 함께 저녁을 먹었다.
About half an hour later, I come back to my room to read the story book again.
약 30분 후에 다시 이야기책을 읽으러 내방으로 돌아온다.

6) About an hour later, I feel a little bit sleepy.
약 한 시간 후에 나는 약간 졸렸다.

7) I feel sleepy at this time of day.
(하루 중) 이맘때면 졸음이 온다.
I make up my mind to go to bed early and get up early.
나는 일찍 자고 일찍 일어나기로 결정한다.

8)

I take out my pajamas from the closet and I put on my pajamas. I turn off the light and close the window. And I go to bed. I think I will fall asleep soon. I hope I have sweet dreams tonight!

단어, 숙어

asleep [əˈsliːp] 잠들은
close [klouz] 닫다
closet [ˈklɑːzit] 벽장(벽에 고정된 옷장), 옷장
dream [driːm] 꿈
fall [fɔːl] 떨어지다 / 가을
light [lait] 전등, 빛
pajamas [pəˈdʒɑːməz] 파자마, 잠옷
sweet [swiːt] 달콤한
window [ˈwindou] 창문

fall asleep 잠들다
go to bed 자다, 잠자리에 들다
have sweet dreams
단잠을 자다, 단꿈을 꾸다
put on (옷을) 입다, (신발을) 신다
(옷, 모자, 신발, 안경, 목걸이, 양말, 시계 등 몸에 걸치는 모든 것에 사용하는 숙어)
take out 꺼내다
turn off the light 불을 끄다

해석

8) I take out my pajamas from the closet and I put on my pajamas.
옷장에서 잠옷을 꺼내서 입는다.
I hope I have sweet dreams tonight!
오늘 밤 달콤한 꿈을 꾸기 바란다! (단잠을 자기를 바란다.)

Chapter 08 발음기호 문장과 알파벳 문장

1)

mai ˈmʌðər iz in ðə ˈkitʃin, ˈsiŋiŋ ə sɔːŋ ˈlaudli.
ai θiŋk ʃiː fiːlz gud. wenˈevər mai maːm
fiːlz gud, ʃiː siŋz sɔːŋz ˈlaudli.
ai fiːl ə ˈlitl bit taiərd bʌt ai meik ʌp
mai maind tuː gou aut fɔːr ə baik raid.

My mother is in the kitchen, singing a song loudly.
mai ˈmʌðər iz in ðə ˈkitʃin, ˈsiŋiŋ ə sɔːŋ ˈlaudli.

I think she feels good.
ai θiŋk ʃiː fiːlz gud.

Whenever my mom feels good, she sings songs loudly.
wenˈevər mai maːm fiːlz gud, ʃiː siŋz sɔːŋz ˈlaudli.

I feel a little bit tired
ai fiːl ə ˈlitl bit taiərd

but I make up my mind to go out for a bike ride.
bʌt ai meik ʌp mai maind tuː gou aut fɔːr ə baik raid.

2)

> ai raid mai baik in ðə pa:rk wið mai
> frend fɔ:r ən auər. 'æftər 'raidiŋ ə baik
> in ðə pa:rk, ai pa:rt frʌm mai frend.
> 'æftər 'pa:rtiŋ frʌm mai frend, ai kʌm
> bæk houm ænd teik ɔ:f mai ʃu:z
> ænd ðen gou 'intu: ðə 'bæθrum.
> ai teik ɔ:f mai klouz ænd teik ə ʃauər.

I ride my bike in the park with my friend for an hour.
ai raid mai baik in ðə pa:rk wið mai frend fɔ:r ən auər.

After riding a bike in the park, I part from my friend.
'æftər 'raidiŋ ə baik in ðə pa:rk, ai pa:rt frʌm mai frend.

After parting from my friend,
'æftər 'pa:rtiŋ frʌm mai frend,

I come back home and take off my shoes
ai kʌm bæk houm ænd teik ɔ:f mai ʃu:z

and then go into the bathroom.
ænd ðen gou 'intu: ðə 'bæθrum.

I take off my clothes and take a shower.
ai teik ɔ:f mai klouz ænd teik ə ʃauər.

Chapter 08

3)

ˈæftər ˈteikiŋ ə ʃauər, ai gou tu: mai ru:m.
ai pik ʌp ə ˈstɔ:ri buk ænd sit ɔ:n mai tʃeər.
ˈsitiŋ ɔ:n mai tʃeər, ai ri:d ðə ˈstɔ:ri buk.
mai ˈmʌðər ænd mai ˈsistər a:r tɔ:kiŋ tu:
i:tʃ ˈʌðər in ðə ˈliviŋ ru:m. ðei tɔ:k tu:
i:tʃ ˈʌðər ˈlaudli sou ai klouz ðə dɔ:r.

After taking a shower, I go to my room.
ˈæftər ˈteikiŋ ə ʃauər, ai gou tu: mai ru:m.

I pick up a story book and sit on my chair.
ai pik ʌp ə ˈstɔ:ri buk ænd sit ɔ:n mai tʃeər.

Sitting on my chair, I read the story book.
ˈsitiŋ ɔ:n mai tʃeər, ai ri:d ðə ˈstɔ:ri buk.

My mother and my sister are talking to each other
mai ˈmʌðər ænd mai ˈsistər a:r tɔ:kiŋ tu: i:tʃ ˈʌðər

in the living room.
in ðə ˈliviŋ ru:m.

They talk to each other loudly so I close the door.
ðei tɔ:k tu: i:tʃ ˈʌðər ˈlaudli sou ai klouz ðə dɔ:r.

4)

mai ˈfɑːðər kʌmz houm ˈəːrliər ðæn ˈjuːʒuəl.
mai ˈmʌðər telz miː its taim tuː hæv ˈdinər.
ai ˈænsər, "aim ˈkʌmiŋ." wen ai sit æt
ðə ˈteibl, mai ˈfɑːðər smailz æt miː.
wen ai luk æt hiz feis, ai siː hiː luks taiərd.
hiː ˈɔːlweiz luks taiərd.
bʌt hiː ˈɔːlweiz traiz tuː smail æt ʌs.

My father comes home earlier than usual.
mai ˈfɑːðər kʌmz houm ˈəːrliər ðæn ˈjuːʒuəl.

My mother tells me it's time to have dinner.
mai ˈmʌðər telz miː its taim tuː hæv ˈdinər.

I answer, "I'm coming."
ai ˈænsər, "aim ˈkʌmiŋ."

When I sit at the table, my father smiles at me.
wen ai sit æt ðə ˈteibl, mai ˈfɑːðər smailz æt miː.

When I look at his face, I see he looks tired.
wen ai luk æt hiz feis, ai siː hiː luks taiərd.

He always looks tired.
hiː ˈɔːlweiz luks taiərd.

But he always tries to smile at us.
bʌt hiː ˈɔːlweiz traiz tuː smail æt ʌs.

5)

wi: hæv ˈdinər tuːˈgeðər, tɔːkiŋ əˈbaut
ðis ænd ðæt. ˈæftər hæviŋ ˈdinər,
wi: waːtʃ tiːˈviː in ðə ˈliviŋ ruːm tuːˈgeðər.
əˈbaut hæf ən auər ˈleitər, ai kʌm bæk tuː
mai ruːm tuː riːd ðə ˈstɔːri buk əˈgen.

We have dinner together, talking about this and that.
wi: hæv ˈdinər tuːˈgeðər, tɔːkiŋ əˈbaut ðis ænd ðæt.

After having dinner, we watch TV in the living room together.
ˈæftər hæviŋ ˈdinər, wi: waːtʃ tiːˈviː in ðə ˈliviŋ ruːm tuːˈgeðər.

About half an hour later,
əˈbaut hæf ən auər ˈleitər,

I come back to my room to read the story book again.
ai kʌm bæk tuː mai ruːm tuː riːd ðə ˈstɔːri buk əˈgen.

6)

ai pik ʌp ðə ˈstɔ:ri buk witʃ ai hæd bi:n
ˈri:diŋ. əˈbaut ən auər ˈleitər, ai fi:l
ə ˈlitl bit ˈsli:pi.
ai jɔ:n ænd stretʃ mai a:rmz. ai sta:p ˈri:diŋ
ænd luk æt ðə kla:k ɔ:n mai desk.

I pick up the story book which I had been reading.
ai pik ʌp ðə ˈstɔ:ri buk witʃ ai hæd bi:n ˈri:diŋ.

About an hour later, I feel a little bit sleepy.
əˈbaut ən auər ˈleitər, ai fi:l ə ˈlitl bit ˈsli:pi.

I yawn and stretch my arms.
ai jɔ:n ænd stretʃ mai a:rmz.

I stop reading and look at the clock on my desk.
ai sta:p ˈri:diŋ ænd luk æt ðə kla:k ɔ:n mai desk.

7)

its ɔ:l'redi i'levən ə'klɑ:k. ai fi:l 'sli:pi
æt ðis taim əv dei. ai meik ʌp mai maind
tu: gou tu: bed 'ə:rli ænd get ʌp 'ə:rli.
ai dount wɔ:nt tu: stei ʌp leit.
ai teik ɔ:f mai glæsiz. ai teik ɔ:f mai klouz
ænd hæŋ mai klouz in ðə 'klɑ:zit.

It's already 11 o'clock.
its ɔ:l'redi i'levən ə'klɑ:k.

I feel sleepy at this time of day.
ai fi:l 'sli:pi æt ðis taim əv dei.

I make up my mind to go to bed early and get up early.
ai meik ʌp mai maind tu: gou tu: bed 'ə:rli ænd get ʌp 'ə:rli.

I don't want to stay up late.
ai dount wɔ:nt tu: stei ʌp leit.

I take off my glasses.
ai teik ɔ:f mai glæsiz.

I take off my clothes and hang my clothes in the closet.
ai teik ɔ:f mai klouz ænd hæŋ mai klouz in ðə 'klɑ:zit.

8)

ai teik aut mai pəˈdʒaːməz frʌm ðə ˈklaːzit

ænd ai put ɔːn mai pəˈdʒaːməz.

ai təːrn ɔːf ðə lait ænd klouz ðə ˈwindou.

ænd ai gou tuː bed.

ai θiŋk ai wil fɔːl əˈsliːp suːn.

ai houp ai hæv swiːt driːmz tuˈnait!

I take out my pajamas from the closet
ai teik aut mai pəˈdʒaːməz frʌm ðə ˈklaːzit

and I put on my pajamas.
ænd ai put ɔːn mai pəˈdʒaːməz.

I turn off the light and close the window.
ai təːrn ɔːf ðə lait ænd klouz ðə ˈwindou.

And I go to bed.
ænd ai gou tuː bed.

I think I will fall asleep soon.
ai θiŋk ai wil fɔːl əˈsliːp suːn.

I hope I have sweet dreams tonight!
ai houp ai hæv swiːt driːmz tuˈnait!

CHAPTER 09

1)

Seoul is a busy city. There are so many different cars on the road. There are so many people on the street. Streets in Seoul are crowded with people day and night. There are so many different restaurants in Seoul. They sell various foods.

2)

There are so many fast food restaurants in Seoul. There are various fast food restaurants on almost every street corner in Seoul. They sell drinks and hamburgers. They also sell potato chips and chicken. They taste sweet and delicious.

3)

Hamburgers are my favorite food. Hamburgers look good and taste delicious. There is a hamburger cart in front of my school. I usually buy a hamburger from the cart in front of my school. It is cheap and fast. I love eating hamburgers. I think many people love eating hamburgers.

단어, 숙어

almost [ˈɔ:lmoust] 거의, 대체로
also [ˈɔ:lsou] 또한, 역시
busy [ˈbizi] 바쁜
buy [bai] 사다, 구입하다
cart [ka:rt] 손수레, 카트
cheap [tʃi:p] 싼, 싸구려의
chicken [ˈtʃikin] 닭
chip [tʃip] (감자 등을 얇게 썰어서 튀긴) 칩
corner [ˈkɔ:rnər] 모퉁이, 구석
crowded [ˈkraudid] 붐비는, 혼잡한
delicious [diˈliʃəs] 맛있는
different [ˈdifərənt] 다른
favorite [ˈfeivərit] 좋아하는, 마음에 드는
front [frʌnt] 앞, 정면
hamburger [ˈhæmbə:rgər] 햄버거
potato [pəˈteitou] 감자
restaurants [ˈrestəra:nts] 식당
road [roud] 도로, 길
sell [sel] 팔다
Seoul [soul] 서울

street [stri:t] 거리, 가로
sweet [swi:t] 달콤한, 단
taste [teist] 맛, 미각
usually [ˈju:ʒuəli] 보통, 평소에는
various [ˈveəriəs] 다양한, 가지가지의

almost every street corner 거의 대부분의 거리 모퉁이에
be crowded with 북적이다, 꽉 차다
day and night 밤낮으로
drink 음료수 / 마시다
in front of ~의 앞에, ~의 정면에
look good 좋아 보이다
on the road 도로 위에
on the street 길 위에
potato chips 감자 칩
taste delicious 맛이 있다
taste sweet 맛이 달다

해석

1) Streets in Seoul are crowded with people day and night.
서울의 거리들은 밤낮없이 사람들로 북적인다.

2) There are various fast food restaurants on almost every street corner in Seoul.
서울의 거의 모든 길모퉁이에 다양한 즉석식품가게들이 있다.
They taste sweet and delicious. 패스트푸드는 달콤하고 맛있다.

3) Hamburgers look good and taste delicious. 햄버거는 보기에도 좋고 맛있다.
I usually buy a hamburger from the cart in front of my school.
나는 보통 학교 앞에 있는 (포장)마차에서 햄버거를 산다.

4)

I think many people all around the world love eating fast food. Fast food is really cheap and fast. So many people often eat fast food. But I think fast food is not good for our health. I think most people know that fast food isn't good for their health.

5)

My parents worry about my health because I eat too much fast food. I worry about my health, too. I think I'm a little fat because I eat fast food too often and don't exercise at all. I don't want to gain any more weight. I want to lose weight.

6)

Now I'm trying to lose weight. So I'm going to stop eating hamburgers and start exercising. Have you ever heard about slow food. Have you ever worried about your health. If you want to be healthy, how about trying slow food? If you want to be healthy, how about exercising?

단어, 숙어

around [əˈraund] 주변에, 사방에
cheap [tʃi:p] 싼, 싸구려의
exercise [ˈeksərsaiz] 운동 / 운동하다
fat [fæt] 살찐
gain [gein] 얻다, 벌다
hamburger [ˈhæmbə:rgər] 햄버거
health [helθ] 건강
healthy [ˈhelθi] 건강한
hear hiər] / heard hərd] / heard hərd] 듣다
lose [lu:z] 잃어 버리다
most [moust] 가장, 많은
often [ˈɔ:fn] 종종, 자주
parents [ˈpeərənts] 부모, 어버이
start [sta:rt] 시작하다, 출발하다
their [ðeər] 그들의
weight [weit] 무게, 몸무게
worry [ˈwə:ri] 걱정하다, 근심하다

all around the world 전 세계에
fast food 패스트푸드, 즉석 식품
gain weight 살이 찌다
lose weight 살을 빼다
not ~ at all 전혀 ~이 아니다
not good for our health
우리의 건강에 좋지 않다
stop eating hamburgers
햄버거 먹는 것을 멈추다
too much 너무 많이
try to 노력하다
worry about ~에 대해 걱정하다
how about ~ing? ~하는 것이 어떤가?
how about exercising
운동을 해보는 것이 어떤가?
how about trying slow food
슬로우푸드를 먹어보는 것이 어떤가?
slow food (전통적인 방식으로 천천히 만들고 요리하는) 전통적인 음식
try 시험 삼아 한 번 먹거나 해보다 / 노력하다

해석

4) I think many people all around the world love eating fast food.
전 세계의 많은 사람들이 패스트푸드 먹는 것을 좋아한다고 생각한다.
I think most people know that fast food isn't good for their health.
대부분의 사람들이 패스트푸드가 건강에 좋지 않다는 것을 안다고 생각한다.

5) I think I'm a little fat because I eat fast food too often and don't exercise at all.
패스트푸드를 너무 자주 먹고 운동은 전혀 하지 않기 때문에 내가 조금 뚱뚱하다고 생각한다.
I don't want to gain any more weight. 더 살찌고 싶지 않다.

6) Now I'm trying to lose weight. 지금은 살을 빼려고 노력한다.
Have you ever heard about slow food. '슬로우푸드'를 들어 본 적 있나요?
If you want to be healthy, how about trying slow food?
건강해지고 싶다면 슬로우 푸드를 먹는 것이 어때요?
If you want to be healthy, how about exercising? 건강해지고 싶다면 운동을 하는 것이 어때요?

Chapter 09 발음기호 문장과 알파벳 문장

1)

soul iz ə ˈbizi ˈsiti.

ðeər a:r sou ˈmeni ˈdifərənt ka:rz ɔ:n ðə roud.

ðeər a:r sou ˈmeni ˈpi:pl ɔ:n ðə stri:t.

stri:ts in soul a:r ˈkraudid wið ˈpi:pl

dei ænd nait. ðeər a:r sou ˈmeni ˈdifərənt

ˈrestəra:nts in soul. ðei sel ˈveəriəs fu:dz.

Seoul is a busy city.
soul iz ə ˈbizi ˈsiti.

There are so many different cars on the road.
ðeər   a:r sou ˈmeni ˈdifərənt ka:rz ɔ:n ðə roud.

There are so many people on the street.
ðeər   a:r sou ˈmeni ˈpi:pl   ɔ:n ðə stri:t.

Streets in Seoul are crowded with people day and night.
stri:ts in soul a:r ˈkraudid wið ˈpi:pl   dei ænd nait.

There are so many different restaurants in Seoul.
ðeər   a:r sou ˈmeni ˈdifərənt ˈrestəra:nts in soul.

They sell various foods.
ðei   sel ˈveəriəs fu:dz.

2)

ðeər aːr sou ˈmeni fæst fuːd ˈrestəraːnts in soul.

ðeər aːr ˈveəriəs fæst fuːd ˈrestəraːnts

ɔːn ˈɔːlmoust ˈevri striːt ˈkɔːrnər in soul.

ðei sel driŋks ænd ˈhæmbəːrgərz.

ðei ˈɔːlsou sel pəˈteitou tʃips ænd ˈtʃikin.

ðei teist swiːt ænd diˈliʃəs.

There are so many fast food restaurants in Seoul.
ðeər aːr sou ˈmeni fæst fuːd ˈrestəraːnts in soul.

There are various fast food restaurants
ðeər aːr ˈveəriəs fæst fuːd ˈrestəraːnts

on almost every street corner in Seoul.
ɔːn ˈɔːlmoust ˈevri striːt ˈkɔːrnər in soul.

They sell drinks and hamburgers.
ðei sel driŋks ænd ˈhæmbəːrgərz.

They also sell potato chips and chicken.
ðei ˈɔːlsou sel pəˈteitou tʃips ænd ˈtʃikin.

They taste sweet and delicious.
ðei teist swiːt ænd diˈliʃəs.

3)

ˈhæmbəːrgərz aːr mai ˈfeivərit fuːd.
ˈhæmbəːrgərz luk gud ænd teist diˈliʃəs.
ðeər iz ə ˈhæmbəːrgər kaːrt in frʌnt əv
mai skuːl. ai ˈjuːʒuəli bai ə ˈhæmbəːrgər
frʌm ðə kaːrt in frʌnt əv mai skuːl.
it iz tʃiːp ænd fæst.
ai lʌv ˈiːtiŋ ˈhæmbəːrgərz.
ai θiŋk ˈmeni ˈpiːpl lʌv ˈiːtiŋ ˈhæmbəːrgərz.

Hamburgers are my favorite food.
ˈhæmbəːrgərz aːr mai ˈfeivərit fuːd.

Hamburgers look good and taste delicious.
ˈhæmbəːrgərz luk gud ænd teist diˈliʃəs.

There is a hamburger cart in front of my school.
ðeər iz ə ˈhæmbəːrgər kaːrt in frʌnt əv mai skuːl.

I usually buy a hamburger from the cart in front of my school.
ai ˈjuːʒuəli bai ə ˈhæmbəːrgər frʌm ðə kaːrt in frʌnt əv mai skuːl.

It is cheap and fast.
it iz tʃiːp ænd fæst.

I love eating hamburgers.
ai lʌv ˈiːtiŋ ˈhæmbəːrgərz.

I think many people love eating hamburgers.
ai θiŋk ˈmeni ˈpiːpl lʌv ˈiːtiŋ ˈhæmbəːrgərz.

4)

ai θiŋk ˈmeni ˈpi:pl ɔ:l əˈraund ðə wə:rld
lʌv ˈi:tiŋ fæst fu:d. fæst fu:d iz ˈri:əli tʃi:p
ænd fæst. sou ˈmeni ˈpi:pl ˈɔ:fn i:t fæst fu:d.
bʌt ai θiŋk fæst fu:d iz na:t gud fɔ:r
auər helθ. ai θiŋk moust ˈpi:pl nou ðæt
fæst fu:d iznt gud fɔ:r ðeər helθ.

I think many people all around the world love eating fast food.
ai θiŋk ˈmeni ˈpi:pl ɔ:l əˈraund ðə wə:rld lʌv ˈi:tiŋ fæst fu:d.

Fast food is really cheap and fast.
fæst fu:d iz ˈri:əli tʃi:p ænd fæst.

So many people often eat fast food.
sou ˈmeni ˈpi:pl ˈɔ:fn i:t fæst fu:d.

But I think fast food is not good for our health.
bʌt ai θiŋk fæst fu:d iz na:t gud fɔ:r auər helθ.

I think most people know that fast food isn't good
ai θiŋk moust ˈpi:pl nou ðæt fæst fu:d iznt gud

for their health.
fɔ:r ðeər helθ.

5)

mai ˈpeərənts ˈwəːri əˈbaut mai helθ
biˈkɔːz ai iːt tuː mʌtʃ fæst fuːd.
ai ˈwəːri əˈbaut mai helθ, tuː.
ai θiŋk aim ə ˈlitl fæt biˈkɔːz ai iːt fæst fuːd
tuː ˈɔːfn ænd dount ˈeksərsaiz æt ɔːl.
ai dount wɔːnt tuː gein ˈeni mɔːr weit.
ai wɔːnt tuː luːz weit.

My parents worry about my health
mai ˈpeərənts ˈwəːri əˈbaut mai helθ

because I eat too much fast food.
biˈkɔːz ai iːt tuː mʌtʃ fæst fuːd.

I worry about my health, too.
ai ˈwəːri əˈbaut mai helθ, tuː.

I think I'm a little fat
ai θiŋk aim ə ˈlitl fæt

because I eat fast food too often and don't exercise at all.
biˈkɔːz ai iːt fæst fuːd tuː ˈɔːfn ænd dount ˈeksərsaiz æt ɔːl.

I don't want to gain any more weight.
ai dount wɔːnt tuː gein ˈeni mɔːr weit.

I want to lose weight.
ai wɔːnt tuː luːz weit.

6)

> nau aim ˈtraiiŋ tu: lu:z weit.
> sou aim ˈgouiŋ tu: sta:p ˈi:tiŋ ˈhæmbə:rgərz
> ænd sta:rt ˈeksərsaiziŋ.
> hæv ju: ˈevər hərd əˈbaut slou fu:d?
> hæv ju: ˈevər ˈwə:rid əˈbaut ˈjuər helθ?
> if ju: wɔ:nt tu: bi: ˈhelθi, hau əˈbaut ˈtraiiŋ
> slou fu:d? if ju: wɔ:nt tu: bi: ˈhelθi,
> hau əˈbaut ˈeksərsaiziŋ?

Now I'm trying to lose weight.
nau aim ˈtraiiŋ tu: lu:z weit.

So I'm going to stop eating hamburgers and start exercising.
sou aim ˈgouiŋ tu: sta:p ˈi:tiŋ ˈhæmbə:rgərz ænd sta:rt ˈeksərsaiziŋ.

Have you ever heard about slow food.
hæv ju: ˈevər hərd əˈbaut slou fu:d.

Have you ever worried about your health.
hæv ju: ˈevər ˈwə:rid əˈbaut ˈjuər helθ.

If you want to be healthy, how about trying slow food?
if ju: wɔ:nt tu: bi: ˈhelθi, hau əˈbaut ˈtraiiŋ slou fu:d?

If you want to be healthy, how about exercising?
if ju: wɔ:nt tu: bi: ˈhelθi, hau əˈbaut ˈeksərsaiziŋ?

◆ 여기까지 오느라 정말 수고하셨습니다. 여기까지 오는 동안 여러분들이 흘린 땀과 노고에 찬양의 박수를 보냅니다. 짝! 짝! 짝!

이제부터는 훨씬 더 빠르게 실력이 향상될 것이기 때문에 지금까지 걸린 시간의 절반 정도면 듣기 교재 2권까지 끝마칠 수 있을 것입니다. 다만 단어 실력이 너무 낮거나 나이가 조금 많으신 분들은 10대나 20대보다 시간이 조금 더 걸릴 수도 있습니다.

이 책의 챕터 10과 챕터 11은 이제까지의 녹음속도보다 20% 정도 빠르게 녹음되어 있기 때문에 앞의 챕터들에 비해서 오히려 조금 더 시간이 걸릴 수도 있습니다. 그러나 정상속도보다 빠르게 녹음된 소리를 반드시 넘어서야 진정한 100% 영어 귀뚫기에 도달할 수 있으니 조금만 힘을 내시기 바랍니다.

하지만 열심히 하신 분들은 "뭐 별로 빠르지 않는데..."라고 느끼실 수도 있으니 미리 너무 겁을 내지는 마시기 바랍니다. 자! 마지막 고비를 넘어봅시다. 화이팅!

CHAPTER 10

1)

Tom was in his room reading a comic book. Tom's mom was in the kitchen preparing dinner. And his dad was in the living room watching TV.

2)

Mom said to dad, "Honey, please help me." Dad answered, "Honey, I'm too old to work. Please ask Tom to help you." "Tom, please help me." "Mom, I'm sorry. I can't. I'm too young to work. Please ask dad to help you." "Tom..., your dad told me that he was too old to work. Tom, you are grown up enough to help me."

3)

"Mom, sorry. I can't." "O.K. I... see. Then you can not have dinner tonight. You are too young to eat chicken." "Mom, I can help you now." "No, you are too young to help me." "Mom, I have suddenly grown enough to help you." Tom helped his mom. "OK, you did a good job. But you can't eat chicken." "Why not? I helped you." "Yes, you helped me. And you have grown enough to help me. But you are still too young to eat chicken."

단어, 숙어

chicken [ˈtʃikin] 닭
comic [ˈkɑ:mik] 만화의
dinner [ˈdinər] 저녁식사
enough [iˈnʌf] 충분한, 넉넉한
grow [grou] / grew [gru:] / grown [groun] 자라다
honey [ˈhʌni] 여보, 자기야
job [dʒɑ:b] 일, 직업
kitchen [ˈkitʃin] 부엌, 주방
still [stil] 아직도, 여전히
suddenly [ˈsʌdnli] 갑자기, 별안간
tell [tel] / told [tould] / told [tould] 말하다
watch [wɑ:tʃ] 보다

comic book 만화책
enough to ~하기에 충분하다
grow up 자라다
have dinner 저녁 식사를 하다
OK you did a good job
좋아! 잘했다 (관용적인 표현)
too ~ to - 너무 ~해서 -할 수 없다,
-하기에는 너무 ~하다

해석

1) Tom was in his room reading a comic book.
Tom은 자기 방에서 만화책을 보고 있었다. (← 방에 있다. 만화책을 읽으며)
Tom's mom was in the kitchen preparing dinner.
Tom의 엄마는 식당에서 저녁을 준비하고 있었다. (← 부엌에 있다. 저녁을 준비하면서)
his dad was in the living room watching TV.
그의 아빠는 거실에서 TV를 보고 있었다. (← 거실에 있다. TV를 보면서)

2) Honey, I'm too old to work. Please ask Tom to help you.
여보! 나는 너무 나이가 많아서 일을 할 수가 없어요. Tom에게 도와달라고 하세요.
I'm too young to work. 나는 일하기에는 너무 어려요.
Tom you are grown up enough to help me. 토..옴.. 너는 나를 도울 만큼 충분히 컸단다.

3) "Mom, I have suddenly grown enough to help you."
엄마 갑자기 엄마를 도울 만큼 자랐어요.

Chapter 10

Chapter 10 발음기호 문장과 알파벳 문장

1)

> tam wəz in hiz ru:m ˈri:diŋ ə ˈka:mik buk.
> tamz ma:m wəz in ðə ˈkitʃin priˈpeəriŋ ˈdinər.
> ænd hiz dæd wəz in ðə ˈliviŋ ru:m ˈwa:tʃiŋ ti:ˈvi:.

Tom was in his room reading a comic book.
tam wəz in hiz ru:m ˈri:diŋ ə ˈka:mik buk.

Tom's mom was in the kitchen preparing dinner.
tamz ma:m wəz in ðə ˈkitʃin priˈpeəriŋ ˈdinər.

And his dad was in the living room watching TV.
ænd hiz dæd wəz in ðə ˈliviŋ ru:m ˈwa:tʃiŋ ti:ˈvi:.

2)

ma:m sed tu: dæd, "'hʌni pli:z help mi:."
dæd 'ænsərd, "'hʌni, aim tu: ould tu: wə:rk.
pli:z æsk tam tu: help ju:."
"tam, pli:z help mi:." "ma:m aim 'sɔ:ri.
ai kænt. aim tu: jʌŋ tu: wə:rk. pli:z æsk
dæd tu: help ju:."
"tam... 'juər dæd tould mi: ðæt hi: wəz
tu: ould tu: wə:rk. tam, ju: a:r groun ʌp
i'nʌf tu: help mi:."

"Honey, I'm too old to work. Please ask Tom to help you."
"'hʌni, aim tu: ould tu: wə:rk. pli:z æsk tam tu: help ju:."

"Tom, please help me."
"tam, pli:z help mi:."

"Mom, I'm sorry. I can't. I'm too young to work.
"ma:m aim 'sɔ:ri. ai kænt. aim tu: jʌŋ tu: wə:rk.

Please ask dad to help you."
pli:z æsk dæd tu: help ju:."

"Tom..., your dad told me that he was too old to work.
"tam... 'juər dæd tould mi: ðæt hi: wəz tu: ould tu: wə:rk.

Tom, you are grown up enough to help me."
tam, ju: a:r groun ʌp i'nʌf tu: help mi:."

Chapter 10

3)

"ma:m, ˈsɔ:ri. ai kænt."

"ouˈkei. ai… si:. ðen ju: kæn na:t hæv ˈdinər tuˈnait. ju: a:r tu: jʌŋ tu: i:t ˈtʃikin."

"ma:m, ai kæn help ju: nau."

"nou, ju: a:r tu: jʌŋ tu: help mi:."

"ma:m, ai hæv ˈsʌdnli groun iˈnʌf tu: help ju:." tam helpt hiz ma:m.

"ouˈkei. ju: did ə gud dʒa:b. bʌt ju: kænt i:t ˈtʃikin." "wai na:t? ai helpt ju:."

"jes, ju: helpt mi:. ænd ju: hæv groun iˈnʌf tu: help mi:. bʌt ju: a:r stil tu: jʌŋ tu: i:t ˈtʃikin."

"Mom, sorry. I can't."
"ma:m, ˈsɔ:ri. ai kænt."

"O.K. I... see. Then you can not have dinner tonight.
"ouˈkei. ai... si:. ðen ju: kæn na:t hæv ˈdinər tuˈnait.

You are too young to eat chicken."
ju: a:r tu: jʌŋ tu: i:t ˈtʃikin."

"Mom, I can help you now."
"ma:m, ai kæn help ju: nau."

"No, you are too young to help me."
"nou, ju: a:r tu: jʌŋ tu: help mi:."

"Mom, I have suddenly grown enough to help you."
"ma:m, ai hæv ˈsʌdnli groun iˈnʌf tu: help ju:."

Tom helped his mom.
tam helpt hiz ma:m.

"OK, you did a good job. But you can't eat chicken."
"ouˈkei. ju: did ə gud dʒa:b. bʌt ju: kænt i:t ˈtʃikin."

"Why not? I helped you."
"wai na:t? ai helpt ju:."

"Yes, you helped me. And you have grown enough to help me.
"jes, ju: helpt mi:. ænd ju: hæv groun iˈnʌf tu: help mi:.

But you are still too young to eat chicken."
bʌt ju: a:r stil tu: jʌŋ tu: i:t ˈtʃikin."

Chapter 10

1)

Dialogue 1

A : Did you see her husband?

B : No, I didn't see her husband yet. Why do you ask?

A : I was surprised to see him. He is tall and handsome. He also looks smart. He must have graduated from college. I wonder why he married her.

B : He must have married her for the money. Her father is very rich. Didn't you know that?

2)

Dialogue 2

A : There are too many cars on the street. We are going to be late again. We should have taken a shortcut. I told you to take a shortcut. Do you remember? I suggested taking a shortcut. You should have followed my advice. I told you to tell the taxi driver to take a shortcut.

단어, 숙어

advice [əd'vais] 조언, 충고
also [ˈɔːlsou] 또한, 역시
college [ˈkaːlidʒ] 대학
dialogue [ˈdaiəlɔːg] 대화
driver [ˈdraivər] 운전사
follow [ˈfaːlou] 따르다, 쫓다
graduate [ˈgrædʒueit](동사) 졸업하다 /
[ˈgrædʒuit](명사) 졸업자
handsome [ˈhænsəm] 잘생긴, 단정한
husband [ˈhʌzbənd] 남편
late [leit] 늦은, 지각한
marry [ˈmæri] 결혼하다
must [mʌst] ~해야 하다
remember [riˈmembər] 기억하다
shortcut [ˈʃɔːrtkʌt] 지름길
should : shall [ʃæl] / should [ʃud] /
should [ʃud] ~해야 하다
smart [smaːrt] 영리한
street [striːt] 거리, 가로
suggest [səˈdʒest] 제안하다
surprised [sərˈpraizd] 놀란
take [teik] / took [tuk] / taken [teikn]
갖다, 가지고 가다
tall [tɔːl] 키가 큰
taxi [ˈtæksi] 택시
tell [tel] / told [tould] / told [tould] 말하다
wonder [ˈwʌndər] 궁금해 하다
yet [jet] 아직

be surprised to ~에 놀라다
for the money 돈 때문에
graduate from ~을 졸업하다
look smart 똑똑해 보이다
take a shortcut 지름길로 가다
wonder 궁금해 하다
must have + 동사의 과거분사
~했음에 틀림없다, (분명히) ~했었을 것이다
must have graduated from college
대학을 졸업했음이 틀림없다
must have married her
결혼했음이 틀림없다
should have + 동사의 과거분사
~했어야 했는데 (하지 못했다)
should have followed my advice
내 충고를 따라야 했다
should have taken a shortcut
지름길로 갔어야 했다

해석

1) No, I didn't see her husband yet. 아니오, 나는 아직 그녀의 남편을 보지 않았어요.
He must have graduated from college. 그는 틀림없이 대학을 졸업했을 거예요.
He must have married her for the money. 그는 (분명히) 돈 때문에 그녀와 결혼 했을 거예요.

2) We are going to be late again. 우리 또 늦겠다.
We should have taken a shortcut. 우리는 지름길로 갔어야만 했다.
I suggested taking a shortcut. 지름길로 가자고 제안했잖아.
I told you to tell the taxi driver to take a shortcut.
택시 기사에게 지름길로 가도록 말하라고 이야기했잖아.

3)

But you didn't tell him to go the way that I suggested. Why didn't you tell him to go the way that I suggested? You should've told the taxi driver to go that way. You should've told the taxi driver to go the way that I suggested.

4)

B : Stop it! I can't stand it anymore. Stop it! You should've gotten up earlier. If you'd gotten up earlier, this wouldn't have happened. And you should have gone to bed earlier.

5)

Dialogue 3

A : She should've been home by now. But she didn't come yet. What happened to her? Something must have happened to her. Or, an accident must have happened to her. I called her office. But nobody answered the phone. I should've called her office earlier.

단어, 숙어

accident [ˈæksidənt] 사고, 뜻밖의 사건
any more [ˈeni mɔːr] 이제 더이상
dialogue [ˈdaiəlɔːg] 대화
driver [ˈdraivər] 운전사
get [get] / got [gat] / gotten [gatn] 얻다
go [gou] / went [went] / gone [gɔːn] 가다
happen [ˈhæpn] 일어나다, 우연히 ~하다
must [mʌst] ~해야 하다, -해야 한다
nobody [ˈnoubaːdi] 아무도 ~않다
office [ˈɔːfis] 사무소
phone [foun] 전화
should : shall [ʃæl] / should [ʃud] / should [ʃud] ~해야 하다
something [ˈsʌmθiŋ] 무언가, 어떤 것

stand [stænd] 서 있다, 서다
suggest [səˈdʒest] 제안하다
taxi [ˈtæksi] 택시
tell [tel] / told [tould] / told [tould] 말하다
yet [jet] 아직

answer the phone 전화를 받다
by now 지금쯤은
call 전화하다 / 부르다
should've = should have의 줄임말
stand 참다 견디다 / 서 있다
Stop it! 그만해! 멈춰!
you'd = you had의 줄임말

해석

3) But you didn't tell him to go the way that I suggested.
그런데 기사에게 내가 제안한 길로 가자고 말을 안 했잖아.
Why didn't you tell him to go the way that I suggested?
왜 너는 내가 제안한 길로 가자고 기사에게 말하지 않았니?
You should've told the taxi driver to go the way that I suggested.
너는 내가 제안한 길로 가자고 택시 기사에게 말했어야만 했다.

4) Stop it! I can't stand it anymore. 그만해! 더이상 못 참겠다.
If you'd gotten up earlier, this wouldn't have happened.
네가 일찍 일어났으면 이런 일이 일어나지 않았을 것이다.

5) She should've been home by now. 지금쯤이면 집에 와 있어야 한다.
What happened to her? 그녀에게 무슨 일이 생긴 것일까?
Something must have happened to her. 그녀에게 필시 무슨 일이 생긴 것이 틀림없다.
I should've called her office earlier. 그녀의 사무실로 좀 더 일찍 전화를 했어야 했는데

6)

B : Honey! please stop worrying about her. She might have just missed the train. And maybe she is waiting for another train.

A : I see. But I cannot help worrying about what might have happened to her.

단어, 숙어

happen [ˈhæpn] 일어나다, 우연히 ~하다
honey [ˈhʌni] 여보, 자기야
may [mei] / might [mait] /
might [mait] 아마도 ~일지 모른다
maybe [ˈmeibi] 아마, 어쩌면
miss [mis] 놓치다 / 그리워하다
train [trein] 기차 / 훈련하다
wait [weit] 기다리다
worry [ˈwəːri] 걱정하다, 근심하다

cannot help ~ing ~하지 않을 수 없다
might have + 동사의 과거분사
~이었을지도 모른다
might have just missed
단지 놓친 것인지도 모른다
must have + 동사의 과거분사
~했음에 틀림없다, (분명히) ~했었을 것이다
should have + 동사의 과거분사
~했어야 했는데 (하지 못했다)
wait for ~을 기다리다
worry about ~관해서 걱정하다

해석

6) She might have just missed the train. 그녀는 단지 기차를 놓쳤을 뿐인지도 모른다.
But I cannot help worrying about what might have happened to her.
그러나 그녀에게 무슨 일이 생긴 것은 아닐까 걱정하지 않을 수가 없다.

Chapter 11 발음기호 문장과 알파벳 문장

1)

Dialogue 1

A: did ju: si: hə:r ˈhʌzbənd?

B: nou, ai didnt si: hə:r ˈhʌzbənd jet.

wai du: ju: æsk?

A: ai wəz sərˈpraizd tu: si: him.

hi: iz tɔ:l ænd ˈhænsəm.

hi: ˈɔ:lsou luks sma:rt.

hi: mʌst hæv ˈgrædjueitid frʌm ˈka:lidʒ.

ai ˈwʌndər wai hi: ˈmerid hə:r.

B: hi: mʌst hæv ˈmerid hə:r fɔ:r ðə ˈmʌni.

hə:r ˈfa:ðər iz ˈveri ritʃ. didnt ju: nou ðæt?

Dialogue 1

A: Did you see her husband?
A: did ju: si: hə:r ˈhʌzbənd?

B: No, I didn't see her husband yet.
B: nou, ai didnt si: hə:r ˈhʌzbənd jet.

Why do you ask?
wai du: ju: æsk?

A: I was surprised to see him.
A: ai wəz sərˈpraizd tu: si: him.

He is tall and handsome.
hi: iz tɔ:l ænd ˈhænsəm.

He also looks smart.
hi: ˈɔ:lsou luks sma:rt.

He must have graduated from college.
hi: mʌst hæv ˈgrædjueitid frʌm ˈka:lidʒ.

I wonder why he married her.
ai ˈwʌndər wai hi: ˈmerid hə:r.

B: He must have married her for the money.
B: hi: mʌst hæv ˈmerid hə:r fɔ:r ðə ˈmʌni.

Her father is very rich.
hə:r ˈfa:ðər iz ˈveri ritʃ.

Didn't you know that?
Didnt ju: nou ðæt?

Chapter 11

2)

Dialogue 2

A: ðeər aːr tuː ˈmeni kaːrz ɔːn ðə striːt.

wiː aːr ˈgouiŋ tuː biː leit əˈgen.

wiː ʃud hæv ˈteikn ə ˈʃɔːrtkʌt.

ai tould juː tuː teik ə ˈʃɔːrtkʌt.

duː juː riˈmembər?

ai səˈdʒestid ˈteikiŋ ə ˈʃɔːrtkʌt.

juː ʃud hæv ˈfaːloud mai ədˈvais. ai tould juː

tuː tel ðə ˈtæksi ˈdraivər tuː teik ə ˈʃɔːrtkʌt.

Dialogue 2

A: There are too many cars on the street.
A: ðeər a:r tu: ˈmeni ka:rz ɔ:n ðə stri:t.

We are going to be late again.
wi: a:r ˈgouiŋ tu: bi: leit əˈgen.

We should have taken a shortcut.
wi: ʃud hæv ˈteikn ə ˈʃɔ:rtkʌt.

I told you to take a shortcut.
ai tould ju: tu: teik ə ˈʃɔ:rtkʌt.

Do you remember?
du: ju: rɪˈmembər?

I suggested taking a shortcut.
ai səˈdʒestid ˈteikiŋ ə ˈʃɔ:rtkʌt.

You should have followed my advice.
ju: ʃud hæv ˈfa:loud mai ədˈvais.

I told you to tell the taxi driver to take a shortcut.
ai tould ju: tu: tel ðə ˈtæksi ˈdraivər tu: teik ə ˈʃɔ:rtkʌt.

3)

bʌt ju: didnt tel him tu: gou ðə wei ðæt
ai səˈdʒestid. wai didnt ju: tel him
tu: gou ðə wei ðæt ai səˈdʒestid?
ju: ʃudəv tould ðə ˈtæksi ˈdraivər
tu: gou ðæt wei. ju: ʃudəv tould ðə ˈtæksi
ˈdraivər tu: gou ðə wei ðæt ai səˈdʒestid.

But you didn't tell him to go the way that I suggested.
bʌt ju: didnt tel him tu: gou ðə wei ðæt ai səˈdʒestid.

Why didn't you tell him to go the way that I suggested?
wai didnt ju: tel him tu: gou ðə wei ðæt ai səˈdʒestid?

You should've told the taxi driver to go that way.
ju: ʃudəv tould ðə ˈtæksi ˈdraivər tu: gou ðæt wei.

You should've told the taxi driver to go the way
ju: ʃudəv tould ðə ˈtæksi ˈdraivər tu: gou ðə wei

that I suggested.
ðæt ai səˈdʒestid.

4)

B: staːp it! ai kænt stænd it eniˈmɔːr.

staːp it! juː ʃudəv ˈgaːtn ʌp ˈəːrliər.

if juːd ˈgaːtn ʌp ˈəːrliər, ðis wouldnt

hæv ˈhæpnd.

ænd juː ʃud hæv gɔːn tuː bed ˈəːrliər.

B: Stop it! I can't stand it anymore.
B: staːp it! ai kænt stænd it eniˈmɔːr.

Stop it! You should've gotten up earlier.
staːp it! juː ʃudəv ˈgaːtn ʌp ˈəːrliər.

If you'd gotten up earlier, this wouldn't have happened.
if juːd ˈgaːtn ʌp ˈəːrliər, ðis wouldnt hæv ˈhæpnd.

And you should have gone to bed earlier.
ænd juː ʃud hæv gɔːn tuː bed ˈəːrliər.

5)

Dialogue 3

A: ʃi: ʃudəv bi:n houm bai nau.

bʌt ʃi: didnt kʌm jet. wa:t ˈhæpnd tu: hə:r?

ˈsʌmθiŋ mʌst hæv ˈhæpnd tu: hə:r.

ɔ:r, ən ˈæksidənt mʌst hæv ˈhæpnd tu: hə:r.

ai kɔ:ld hə:r ˈɔ:fis.

bʌt ˈnoubaː di ˈænsərd ðə foun.

ai ʃudəv kɔ:ld hə:r ˈɔ:fis ˈə:rliər.

Dialogue 3

A: She should've been home by now.
A: ʃi: ʃudəv bi:n houm bai nau.

But she didn't come yet.
bʌt ʃi: didnt kʌm jet.

What happened to her?
wa:t ˈhæpnd tu: hə:r?

Something must have happened to her.
ˈsʌmθiŋ mʌst hæv ˈhæpnd tu: hə:r.

Or, an accident must have happened to her.
ɔ:r, ən ˈæksidənt mʌst hæv ˈhæpnd tu: hə:r.

I called her office.
ai kɔ:ld hə:r ˈɔ:fis.

But nobody answered the phone.
bʌt ˈnouba:di ˈænsərd ðə foun.

I should've called her office earlier.
ai ʃudəv kɔ:ld hə:r ˈɔ:fis ˈə:rliər.

6)

B: ˈhʌni! pliːz staːp ˈwəːriiŋ əˈbaut həːr.

ʃiː mait hæv dʒʌst mist ðə trein.

ænd ˈmeibi ʃiː iz ˈweitiŋ fɔːr əˈnʌðər trein.

A: ai siː. bʌt ai ˈkænaːt help ˈwəːriiŋ əˈbaut

waːt mait hæv ˈhæpnd tuː həːr.

B: Honey! please stop worrying about her.
B: ˈhʌni! pliːz staːp ˈwəːriiŋ əˈbaut həːr.

She might have just missed the train.
ʃiː mait hæv dʒʌst mist ðə trein.

And maybe she is waiting for another train.
ænd ˈmeibi ʃiː iz ˈweitiŋ fɔːr əˈnʌðər trein.

A: I see. But I cannot help worrying
A: ai siː. bʌt ai ˈkænaːt help ˈwəːriiŋ

about what might have happened to her.
əˈbaut waːt mait hæv ˈhæpnd tuː həːr.

듣기 점검표

일자 (점검일) : 월   일

해당칸에는 O 또는 V

	1	2	3	4	5	6	7	8	9	10
소리	지겹다	다들림	거의 다 들림	상당히 많이 들림	대체로 들림	절반이상 들림	절반도 안 들림	많이 안 들림	거의 안들림	아예 안들림
1										
2										
3										
4										
5										
6										
7										
8										
9										
10										
내용	지겹다	다 이해됨	거의 이해됨	상당히 많이 이해됨	대체로 이해됨	절반이상 이해됨	절반도 이해 안됨	많이 이해 안됨	거의 이해 안됨	아예 이해 안됨
1										
2										
3										
4										
5										
6										
7										
8										
9										
10										
속도	지겹다	많이 느림	느림	보통	빠름	많이 빠름	아주 빠름	포기할 만큼 빠름		
1										
2										
3										
4										
5										
6										
7										
8										
9										
10										

듣기 점검표

일자 (점검일): _____ 해당칸에는 O 또는 V

	1	2	3	4	5	6	7	8	9	10
소리	지겹다	다들림	거의 다 들림	상당히 많이 들림	대체로 들림	절반이상 들림	절반도 안 들림	많이 안 들림	거의 안 들림	아예 안 들림
1										
2										
3										
4										
5										
6										
7										
8										
9										
10										
영어	지겹다	다 이해됨	거의 이해됨	상당히 많이 이해됨	대체로 이해됨	절반이상 이해됨	절반도 이해 안 됨	많이 이해 안 됨	거의 이해 안 됨	아예 이해 안 됨
1										
2										
3										
4										
5										
6										
7										
8										
9										
10										
속도	지겹다	많이 느림	느림	동급	빠름	많이 빠름	아주 빠름	포기할 만큼 빠름		
1										
2										
3										
4										
5										
6										
7										
8										
9										
10										

듣기 점검표

일자 (점검일) : 월 일

해당칸에는 O 또는 V

소리	1 지겹다	2 다들림	3 거의 다 들림	4 상당히 많이 들림	5 대체로 들림	6 절반이상 들림	7 절반도 안 들림	8 많이 안 들림	9 거의 안 들림	10 아예 안 들림
1										
2										
3										
4										
5										
6										
7										
8										
9										
10										

내용	1 지겹다	2 다 이해됨	3 거의 이해됨	4 상당히 많이 이해됨	5 대체로 이해됨	6 절반이상 이해됨	7 절반도 이해 안됨	8 많이 이해 안됨	9 거의 이해 안됨	10 아예 이해 안됨
1										
2										
3										
4										
5										
6										
7										
8										
9										
10										

속도	1 지겹다	2 많이 느림	3 느림	4 보통	5 빠름	6 많이 빠름	7 아주 빠름	8 포기할 만큼 빠름	9	10
1										
2										
3										
4										
5										
6										
7										
8										
9										
10										

듣기 점검표

일자 (점검일) : 　　월　　일　　　　해당칸에는 O 또는 V

소리	1 지겹다	2 다 들림	3 거의 다 들림	4 상당히 많이 들림	5 대체로 들림	6 절반이상 들림	7 절반도 안 들림	8 많이 안 들림	9 거의 안 들림	10 아예 안 들림
1										
2										
3										
4										
5										
6										
7										
8										
9										
10										

장애	1 지겹다	2 다 이해됨	3 거의 이해됨	4 상당히 많이 이해됨	5 대체로 이해됨	6 절반이상 이해됨	7 절반도 이해 안 됨	8 많이 이해 안 됨	9 거의 이해 안 됨	10 아예 이해 안 됨
1										
2										
3										
4										
5										
6										
7										
8										
9										
10										

속도	1 지겹다	2 많이 느림	3 느림	4 보통	5 빠름	6 많이 빠름	7 아주 빠름	8 포기할 만큼 빠름
1								
2								
3								
4								
5								
6								
7								
8								
9								
10								

듣기 점검표

일자 (점검일): 월 일   해당칸에는 O 또는 V

소리	1 지겹다	2 다들림	3 거의 다 들림	4 상당히 많이 들림	5 대체로 들림	6 절반이상 들림	7 절반도 안 들림	8 많이 안 들림	9 거의 안들림	10 아예 안들림
1										
2										
3										
4										
5										
6										
7										
8										
9										
10										

내용	1 지겹다	2 다 이해됨	3 거의 이해됨	4 상당히 많이 이해됨	5 대체로 이해됨	6 절반이상 이해됨	7 절반도 이해 안됨	8 많이 이해 안됨	9 거의 이해 안됨	10 아예 이해 안됨
1										
2										
3										
4										
5										
6										
7										
8										
9										
10										

속도	1 지겹다	2 많이 느림	3 느림	4 보통	5 빠름	6 많이 빠름	7 아주 빠름	8 포기할 만큼 빠름		
1										
2										
3										
4										
5										
6										
7										
8										
9										
10										

듣기 점검표

일자 (점검일) :   해당칸에는 O 또는 V

	1	2	3	4	5	6	7	8	9	10
소리	지겹다	다들림	거의 다 들림	상당히 많이 들림	대체로 들림	절반이상 들림	절반도 안 들림	많이 안 들림	거의 안들림	아예 안들림
1										
2										
3										
4										
5										
6										
7										
8										
9										
10										
내용	지겹다	다 이해됨	거의 이해됨	상당히 많이 이해됨	대체로 이해됨	절반이상 이해됨	절반도 이해 안 됨	많이 이해 안 됨	거의 이해 안됨	아예 이해 안됨
1										
2										
3										
4										
5										
6										
7										
8										
9										
10										
속도	지겹다	많이 느림	느림	보통	빠름	많이 빠름	아주 빠름	포기할 만큼 빠름		
1										
2										
3										
4										
5										
6										
7										
8										
9										
10										

듣기 점검표

일자 (점검일) :　　　　　해당칸에는 O 또는 V

소리	1	2	3	4	5	6	7	8	9	10
	지겹다	다들림	거의 다 들림	상당히 많이 들림	대체로 들림	절반이상 들림	절반도 안 들림	많이 안 들림	거의 안들림	아예 안들림
1										
2										
3										
4										
5										
6										
7										
8										
9										
10										

내용	1	2	3	4	5	6	7	8	9	10
	지겹다	다 이해됨	거의 이해됨	상당히 많이 이해됨	대체로 이해됨	절반이상 이해됨	절반도 이해 안됨	많이 이해 안됨	거의 이해 안됨	아예 이해 안됨
1										
2										
3										
4										
5										
6										
7										
8										
9										
10										

속도	1	2	3	4	5	6	7	8	9	10
	지겹다	많이 느림	느림	보통	빠름	많이 빠름	아주 빠름	포기할 만큼 빠름		
1										
2										
3										
4										
5										
6										
7										
8										
9										
10										

듣기 점검표

일자 (점검일): 월 일   해당칸에는 O 또는 V

	1	2	3	4	5	6	7	8	9	10
소리	지겹다	다 들림	거의 다 들림	상당히 많이 들림	대체로 들림	**절반이상 들림**	절반도 안 들림	많이 안 들림	거의 안들림	아예 안들림
1										
2										
3										
4										
5										
6										
7										
8										
9										
10										
내용	지겹다	다 이해됨	거의 이해됨	상당히 많이 이해됨	대체로 이해됨	**절반이상 이해됨**	절반도 이해 안됨	많이 이해 안됨	거의 이해 안됨	아예 이해 안됨
1										
2										
3										
4										
5										
6										
7										
8										
9										
10										
속도	지겹다	많이 느림	느림	**보통**	빠름	빠름	아주 빠름	포기할 만큼 빠름		
1										
2										
3										
4										
5										
6										
7										
8										
9										
10										

듣기 점검표

일자 (점검일) :   월   일   해당칸에는 O 또는 V

소리	1	2	3	4	5	6	7	8	9	10
	지겹다	다들림	거의 다 들림	상당히 많이 들림	대체로 들림	절반이상 들림	절반도 안 들림	많이 안 들림	거의 안들림	이해 안들림
1										
2										
3										
4										
5										
6										
7										
8										
9										
10										

내용	1	2	3	4	5	6	7	8	9	10
	지겹다	다 이해함	거의 이해함	상당히 많이 이해함	대체로 이해함	절반이상 이해함	절반도 이해 안됨	많이 이해 안됨	거의 이해 안됨	이에 이해 안됨
1										
2										
3										
4										
5										
6										
7										
8										
9										
10										

속도	1	2	3	4	5	6	7	8
	지겹다	많이 느림	느림	보통	빠름	많이 빠름	아주 빠름	포기할 만큼 빠름
1								
2								
3								
4								
5								
6								
7								
8								
9								
10								

듣기 점검표

일자 (점검일): _____   해당칸에는 O 또는 V

	1	2	3	4	5	6	7	8	9	10
소리	지겹다	다들림	거의 다 들림	상당히 많이 들림	대체로 들림	절반이상 들림	절반도 안 들림	많이 안 들림	거의 안 들림	아예 안 들림
1										
2										
3										
4										
5										
6										
7										
8										
9										
10										
내용	지겹다	다 이해됨	거의 이해됨	상당히 많이 이해됨	대체로 이해됨	절반이상 이해됨	절반도 이해 못함	많이 이해 못함	거의 이해 못함	아예 이해 못함
1										
2										
3										
4										
5										
6										
7										
8										
9										
10										
속도	지겹다	많이 느림	느림	보통	빠름	빠름	아주 빠름	포기할 만큼 빠름		
1										
2										
3										
4										
5										
6										
7										
8										
9										
10										

듣기 점검표

일자 (점검일): 　　　월　　　일　　　　해당칸에는 O 또는 V

소리	1 지겹다	2 다들림	3 거의 다 들림	4 상당히 많이 들림	5 대체로 들림	6 절반이상 들림	7 절반도 안 들림	8 많이 안 들림	9 거의 안들림	10 아예 안들림
1										
2										
3										
4										
5										
6										
7										
8										
9										
10										

내용	1 지겹다	2 다 이해됨	3 거의 이해됨	4 상당히 많이 이해됨	5 대체로 이해됨	6 절반이상 이해됨	7 절반도 이해 안됨	8 많이 이해 안됨	9 거의 이해 안됨	10 아예 이해 안됨
1										
2										
3										
4										
5										
6										
7										
8										
9										
10										

속도	1 지겹다	2 많이 느림	3 느림	4 둘다	5 빠름	6 많이 빠름	7 아주 빠름	8 포기할 만큼 빠름
1								
2								
3								
4								
5								
6								
7								
8								
9								
10								

듣기 점검표

일자 (점검일) :   해당칸에는 O 또는 V

	1	2	3	4	5	6	7	8	9	10
소리	자겪다	다들림	거의 다 들림	상당히 많이 들림	대체로 들림	**절반이상 들림**	절반도 안 들림	많이 안 들림	거의 안들림	아예 안들림
1										
2										
3										
4										
5										
6										
7										
8										
9										
10										
내용	자겪다	다 이해됨	거의 이해됨	상당히 많이 이해됨	대체로 이해됨	**절반이상 이해됨**	절반도 이해 안됨	많이 이해 안됨	거의 이해 안됨	아예 이해 안됨
1										
2										
3										
4										
5										
6										
7										
8										
9										
10										
속도	자겪다	많이 느림	느림	**보통**	빠름	많이 빠름	아주 빠름	포기할 만큼 빠름		
1										
2										
3										
4										
5										
6										
7										
8										
9										
10